目次

目次……………………………………………………………………2
まえがき………………………………………………………………3

びっくり前人未到の世界【水辺と空の生き物】……………4
水辺の生き物
アーヴァンク　河童　カトブレパス　クラーケン　コカトリス
セイレーン　蛤女房
空の生き物
グリフォン　ハーピー　フェニックス　ペガサス　ワイバーン

ちょいと厳しい大自然【山林や谷間に棲む生き物】………28
森の生き物
アクリス　人狼　ドライアド　フェアリー　マジムン
山や谷の生き物
送り犬　かまいたち　ガンコナー　コダマネズミ　渾沌
酒呑童子　天狗　バク　雪女

果て無き大地を行く【草原と荒野の生き物】………………56
草原・荒野の生き物
エキドナ　ケンタウロス　サイクロプス　スフィンクス　トロール
バハムート・ベヒモス　牧神パン　ミルメコレオ　ラミアー

ちょっと一息　身近な世界【人里の生き物と怪しい奴ら】……74
人里の生き物
インプ　厠神　コボルト　座敷童子　豆腐小僧　猫又
ホブゴブリン　ミノタウロス　ろくろ首
コイツら生き物？
ガーゴイル　ジャック・オ・ランタン　ぬりかべ

覗いてみよう怪しい世界【異世界と死後の世界の生き物】……98
異界の生き物
ガネーシャ　ケルベロス　サラマンダー　仙狐　ハルパス
ブラックドッグ
元は生き物？
犬神　ヴァンパイア　陰摩羅鬼　餓鬼　キョンシー　グール　ゾンビ

あとがき……………………………………………………………124
索引…………………………………………………………………126
参考文献……………………………………………………………127

AFANC
アーヴァンク

アーヴァンクは
乙女の膝枕で
寝ているときに捕まった

　アーヴァンク　ウェールズ地方の伝承に登場する水辺の怪物。巨大なビーバーのような姿が有名だが、ほかにもワニやドワーフなど様々な姿が伝えられている。普段は川に身を潜め、人間がやってくると襲いかかって身体を引き裂く。また、洪水を起こして人々を苦しめることもあった。美しい乙女には目がなく、最終的には乙女の膝枕で眠っているところを捕らえられたとも、牡牛と鎖でつながれ水辺から引きずり出されたとも伝えられている。

膝枕って……**いいよね**。フカフカの膝の上に頭を乗せて、そっと頭でも撫でられれば夢見心地というもの。

　そんなロマンを夢見ていたのが、イギリスはウェールズ地方に棲んでいたアーヴァンクである。ビーバーもしくはワニに似た姿で池を根城とするアーヴァンクは、機嫌を損ねると暴れて土手を壊した。

　こうなると周囲はもう水浸し。作物は駄目になるし、家畜は溺れるしの大惨事である。村の若者たちが戦いを挑んだこともあったが、**やたら硬くて武器が全く通用しない**。

　そこで一計を案じた村人たちは、勇敢な少女をオトリにしてコイツを捕まえることにした。ハラハラと村人が見守るなか、なんとアーヴァンクは少女の膝枕でスヤスヤ。**迂闊すぎる！**

　これで終われば可愛いヤツなんだけど、目覚めたとき少女を爪で引き裂いたという話もあるので**退治されて当然かなぁ……**。

　実はあのアーサー王や『マビノギオン』に登場する英雄ペレドゥル（パーシバル）もアーヴァンクを倒しているんだよ。

KAPPA
河童

カッパには肛門が3つある

河童【かっぱ】日本各地の川、湖沼、海などに棲む妖怪の一種。関東地方以外では猿猴（えんこう）、メドチ、ガワッパなどといい、それぞれに個性がある。一般的な河童は、おかっぱ頭の童子姿で頭に水の入った皿があり、その水が無くなると弱ったり死んだりするといわれている。指は3本で水掻（みずか）きがあり、両腕が1本につながっていて、片方に引っ張るとスポンと抜けてしまう。イタズラ好きで子供を川に引っ張り込んだり、人の尻子玉（しりこだま）（肛門にあると想像された玉）を抜くなどともいわれる。

河童ですよ、河童！ 誰だ？ 肛門が3つもあるとか、気持ち悪いとか**いったヤツは!!** それどころか腕は抜けるし、色も青黒かったり赤かったりと、**とにかく常識じゃ測れないヤツら**なんですよ！

でもね、河童の真の残念さはイタズラ好きのどスケベ妖怪ってこと。相撲の強要、馬を水に引きずり込むなんて序の口。**便器に潜んで女性のおしりを触ったり**、子供まで作ったりしちゃうのだ！

まぁ、そんなわけでしょっちゅう懲らしめられているのが河童なのである。河童もね、**一応反省はするんだ**。秘伝の薬の製法を教えたり、詫び証文を書いてみたり。でも生まれ持った性癖ってもんは、そう簡単には変わらない。爽やかな笑顔で農作業を手伝いつつ、**ナチュラルに尻子玉を狙ってくる**。手伝ってもらうほうも慣れたもんで、帯の後ろに鎌を挟んだり、フンドシに瓦を入れたりと準備万端。

何だかんだ、**全部ひっくるめて愛されている**のが河童なのである。

 河童のオナラの匂いは強烈で、まともに嗅ぐと死んじゃう人もいるそうだよ。

CATOBLEPAS
カトブレパス

カトブレパスは自分の頭を持ち上げられない

カトブレパス 古代ローマの将軍にして作家であるプリニウスの著書、『博物誌』の中で、西エチオピアに棲んでいるとされた怪物の一種。蛇の怪物であるバシリスクと同じように、その目を見ただけで生き物は死んでしまうといわれる。フロベールの『聖アントワーヌの誘惑』では、黒いバッファローに似て、豚のような頭を持つが、首が腸のように長細くたるんでおり、頭を持ち上げることができず、腹ばいで暮らすとされている。吐く息にも毒があり、地面の草を枯らすほどである。

頭痛に襲われてぐったりしてると、頭が重く感じるよね。こんなときはなるべく動きたくなんてない。でも、これが頭痛じゃなくて、実際に頭が重いとなると大変だ。**とてつもなく頭が重いカトブレパスも、日々の生活で大いに悩んだことだろう。**

　カトブレパスは、西エチオピアに棲むと考えられていた魔物だ。目が合った瞬間、**恋に落ちるどころかこっちが死ぬ**。ちょっとぉ、勘弁してよね……。まぁ、重い頭を下げて暮らしているから、滅多に目が合うことは無いんだけどね。手足の動きも緩慢だから一安心！　と思ったら吐く息は草木を枯らす猛毒なので油断はできない。

　さて、コイツにはいろんな姿が伝わっているんだけど、一番強烈なのはコレ。「黒い水牛の姿で、**中身を抜いた腸のような首**、顔は豚のようで四肢も顔もたてがみの中に隠れている」

こんな首じゃあ、そりゃ頭は持ち上がらないよね。

水辺の生き物

 フランスの博物学者キュヴィエさんは、「カトブレパスは、いつも頭を下げているヌーの姿を見た人々が、ゴルゴン的な生き物だと妄想したもの」という指摘をしてるよ。

KRAKEN
クラーケン

クラーケンの姿は
イカやタコだけとは限らない

　クラーケン　北極の海に棲むとされる巨大タコまたは巨大イカの総称。全長が2.5km以上もあり、普通の帆船は簡単に襲われて、船員たちは皆喰われてしまうという。18世紀のノルウェーの司教ポントピダンはその著書の中で、吐き出された墨のためにあたりの海が真っ黒になったと記している。また、あまりに大き過ぎて全身を見ることができなかったという。海上に浮かんでいたクラーケンを島だと思い、その上でミサをあげた司教がいたという話もある。

行けども行けども海ばかり……。もう海は見飽きたよ。そんなときに見つけた小島。そりゃ上陸してみたくもなるよねぇ。でも、気をつけて！**その島はクラーケンかもしれないぞ!!**

　クラーケンは世界中で語られる巨大海洋生物の、北欧版ともいえる存在だ。デンマーク人の司祭エリック・ポントピダンの著書、『ノルウェーの地誌』によると、その背中は横幅1マイル半（約2km強）。そして船のマストほどもある巨大な触手らしきものを持っている。ポントピダンさんはコイツを**ヒトデかポリプの仲間**というし、漁師たちはイカやタコの仲間だなんていうけど、誰も全体像を見ていないから**正体なんてわかるはずもない**。

　わかっているのは墨を吐いたり、いい匂いのガスや糞を出したりして**魚をおびき寄せてモシャモシャ食べてる**ってことだけ。

　魚が大量に寄ってくるから漁師さんにはありがたい存在だけど、**デカいし何考えてるかわからない**んでやっぱり怖かったみたい。

 クラーケンは何ヵ月も排泄しないまま食べ続け、その後の数ヵ月は何も食べないまま排泄し続けるという奇妙な生態をしているんだよ。

COCATRICE
コカトリス

コカトリスのヒナは
人に見られると死ぬ

コカトリス　毒蛇バジリスクの変種とされる怪物の一種。鶏冠(とさか)のある雄鶏の身体にドラゴンの翼、蛇の尾を持つが、フランスなどの伝承では小さなトカゲの姿で描かれることもある。バジリスクと同じく、これに見られただけで生き物は死に、吐く息の毒で植物は枯れ、飛ぶ鳥も落ちるという。バジリスクの数少ない弱点のひとつが雄鶏であったが、皮肉なことにコカトリスはその雄鶏が堆肥(たいひ)の上に産んだ卵から産まれるのだという。

コカトリスという怪物が毒蛇の王バジリスクの伝承から生み出された経緯には諸説あるけど、14世紀ごろには既に広く知られた存在だった。**聖書に書いてあるんだから「いる」に決まってる**のだ。

ところが具体的な姿は書いてないから、当時の人々はいろいろと頭を捻って恐ろしい怪物の姿を生み出した。**蛇の尻尾のある鶏である。**

馬鹿にしちゃいけない、鶏って結構おっかないもんで子供なんかは追い回されて怖い思いをすることがある。何よりバジリスク譲りの強力な毒の視線は、見たものを即死させてしまうのである。**いや、人間側はなす術がないよねコレ。**

でもご安心。実は連中には、**卵から孵ったばかりの姿を見られると死んでしまうという弱点**があるのだ。とはいえ、向こうに先に見られたらこっちが死ぬのは変わらない。**命がけのチキンレースだなぁ。**あとは住処を清掃するのもいいそうで。あれ、誰かに見られて……。

コカトリスは雄鶏が産んだ卵をヒキガエルが温めることで産まれると言われている

 コカトリスの死骸は、ヘビや害獣を追い払う力があるから高額で取引されたんだ。おまけにコカトリスの肉で銀を磨くと、金のような色になるらしいよ。

SIRENS
セイレーン

セイレーンは
自分の歌を聴いてもらえないと死んでしまう

　セイレーン　ギリシア神話に登場する怪物の一種。美しい女性の顔と鳥の身体を持ち、その歌声で人間を惑わすとされている。シチリア島に近いアンテモッサ（花が咲き乱れる）島に集団で棲み、いつも美しい声で歌を歌っている。この歌声が航海者の耳に届くと、彼らは心を奪われてしまい、自分からセイレーンの島に泳いで行って彼女たちの餌食となった。このため、セイレーンたちのまわりには死んだ航海者たちの白骨が山積みになっているのだという。

私たちの歌を聴け〜！　とばかりに通りかかる船乗りたちに片っ端から魔力のある声で歌いかけるセイレーン。

　そりゃ必死ですよ。なんせ難破してくれりゃあ**今晩のオカズになるからね**。なにを隠そうギリシア神話のセイレーンは人を貪り食う怪物なのである。**カワイイ顔しておっかないなあもう**！

　そんなわけで彼女たちのいる海域を通るほうも、もう必死で対策を考えることになる。ところが、ここを**涼しい顔で通り過ぎた**連中もいる。イアソン率いるアルゴー探検隊だ！　神をも唸らす吟遊詩人オルフェウスが船上ライブを始めたもんだから、1人を除いて**誰も見向きもしない**。

　これがよっぽど堪えたのかセイレーンは断崖から身を投げて死んでしまう。まぁカラオケなんかでも**自分より上手い人が一緒に歌い始めると傷つく**もんね……。トロイア戦争帰りのオデッセウスにも無視を決め込まれてるから、**彼女たちの傷は広がるばかりなのだ**。

水辺の生き物

　アグニェシュカ・スモチンスカ監督の『ゆれる人魚』は、肉食の人魚姉妹が歌いながら恋のバトルを繰り広げるホラー映画。なんだかセイレーンっぽい。

蛤女房
HAMAGURINYOUBOU

蛤女房の正体がバレたのは
鍋に小便をしていたから

おいしいお出汁がとれました。

蛤女房【はまぐりにょうぼう】 昔話に登場する蛤の妖怪。押し掛け女房として人間の男の元に現れるが、彼女の作るあまりに美味しい汁物を怪しんだ男が台所を覗き見し、その正体が露見して姿を消す「蛤女房」型の物語。親孝行で神仏に気に入られた男の元に大蛤から現れた神女が嫁ぎ、機織りなどをして財産を蓄えさせた後に天に帰っていく「蛤の草紙」型の物語の2系統が伝わっている。海の無い地方にも同様の話が残っており、こちらでは蛤女房は地面に潜って姿を消す。

仕事で疲れた身体を癒やしてくれる愛妻のお味噌汁。こいつがあれば、明日の仕事も頑張れるってもんだね！　でも、そのお味噌汁には、とんでもない秘密があったのです……。

　というのが民話『蛤女房』のお話。日本では鶴やら狐やらいろんなものが嫁にくるけど、漁師さんが助けた蛤まで嫁にくるんだから、我々日本人は**昔っからちょっとマニアックなのかも**。

　それは置いといて、お味噌汁の秘密である。美味しい料理でお返しというのは素朴で嬉しいけれど、問題はその作り方。**味噌をすったすり鉢の中におしっこをするというのだ**。あの、これ**単なる嫌がらせじゃ……**と思いたくなるが、本人は大真面目。

　これを目撃してしまった旦那が問い詰めると、蛤の正体を明かし泣く泣く海に去っていくのである。まぁ、この調理方法を喜ぶ旦那でも、ちょっと困るよね。

 日本にはいろんな異類婚姻譚が伝えられていて、他にも蛇女房、鶴女房、亀女房などが有名だよ。

GRIFFON
グリフォン

グリフォンは
馬をライバル視している

グリフォン　ギリシアの遥か北方に棲むといわれた怪鳥の一種。鷲の頭と翼、前脚を持ち、黄褐色の胴体で後脚はライオンの姿をしている。前5世紀のギリシア人ヘロドトスは、当時の言い伝えとして、この怪物は金鉱の番人の役目を持ち、金を奪いにくる巨人族アリマスポイ人と戦っていると記している。ライオンと鷲という立派な姿をしているせいか、ゼウスやアポロンの空駆けるチャリオット（古代の2輪戦車）ばかりか、アレクサンダー大王の馬車を引いたという伝説もある。

世界の北の果て、あるいはインド近辺に棲むというグリフォンさん。彼らには黄金や琥珀を貯め込む習性があり、それを狙う巨人族や人間たちとしょっちゅう争っているのだという。

その爪や羽、骨は酒盃や弓矢の材料になるともいうから、**まさに歩く財宝。欲深い連中からすれば垂涎の的だ。**

さらに彼らは自由に空を飛び、完全武装の騎士と馬、あるいは馬2頭を同時に連れ去ることが出くるほどの力持ちでもある。その姿や力強さが権威の象徴として申し分ないってことで、**大神ゼウスやアレクサンダー大王などのお偉いさんの戦車を引く役割を与えられることも多い。**

この「馬扱い」が彼らのプライドを傷つけるのか、**グリフォンさんは馬が大嫌いだ。**見つけると引き裂かずにはいられないのだという。ところが、そんな彼らも牝馬を見つけると子作りをしてしまうことがある。**あれ？　もしかして馬を襲う理由って……。**

空の生き物

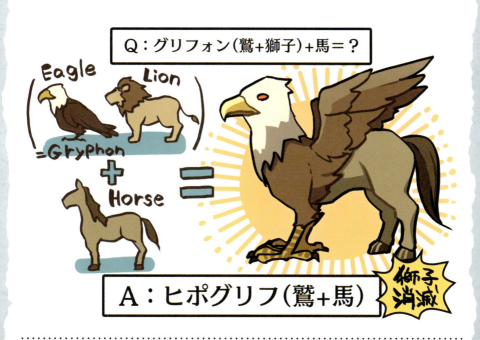

グリフォンと雌馬の間に生まれた子供は、鷲の上半身に馬の下半身をしているんだ。『ハリーポッター』シリーズでおなじみのヒポグリフだよ。

HARPY
ハーピー

ハーピーは
貪欲で臭い!?

　ハーピー　ギリシア神話に登場する怪鳥の一種。ハルピュイアイともいう。鳥の身体に人間の女性の顔を持っている。ホメロスによれば、アエロ、オキュペテ、ケライノ、ポルダゲという名の4人のハーピーがいるとされる。アルゴー号の冒険物語には、トラキア王ピネウスが食事をしようとするたびに飛んできて、食卓の上に排泄物をまき散らして、食事を台無しにする鳥として登場する。もとは風の精で、ゼウスに仕えていたといわれる。

猛禽の翼と鉤爪、そして風になびく豊かな髪と乙女の顔を持つハーピー。そのデザイン性で、最近は創作界隈でヒロイン的な立場に立つこともある人気者だ。**翼を持った乙女って……、いいよね？**

ところがどっこい、神話に登場するハーピーはそんな優雅なものじゃない。**人間やその魂をさらい、神の機嫌を損ねたものを罰する恐ろしい存在なのだ！** アルゴー号の冒険譚ではトラキア王ピネウスが食卓を襲撃され、**食事は奪われるは悪臭や糞をまき散らされるはで、危うく飢え死にしかけた。** うへぇ、ちょっと下品だなぁ。

一応、ハーピーは虹の女神イリスの姉妹という高貴な生まれ。海神ポセイドンや西風の神ゼピュロスの恋人にもなっているから**本来は美人だった**のだろう。しかし、時代が下るにつれ老女の顔をした化け物扱いになり、ついには「七つの大罪」の「貪欲」の象徴になってしまうのである。**役目を果たしていただけなのに酷い話だ。**

『真・女神転生』に出てくる美しすぎるハーピーと比較したら、とんでもないがっかりだよ！

PHOENIX
フェニックス

フェニックスには
幼虫時代がある

フェニックス ギリシア、ローマの伝承に登場する霊鳥。エジプト、もしくはアラビアに棲むとされる。当初は親の亡骸を高価な香料などを用いて丁重に葬る存在であったが、次第に自らを葬り、その亡骸から生まれ変わる存在と考えられるようになった。2世紀ごろ成立の動物寓意集『フィシオログス』によれば、死期が近づくとエジプトの都市ヘリオポリスで香木の祭壇を作り、神官たちの見守る中で自らを焼いて生まれ変わるのだという。

みんな変態って知ってるかな？ チョウやカブトムシなんかが成長の過程で、形態を大きく変えることさ！ なんと火の鳥フェニックスは、**虫でもないのにこれをしちゃうのだ。**

フェニックスが歳をとると自分の身体を焼いて、その灰の中から新たな生命として復活するのは知っている人も多いだろう。運命の日、インドからはるばるエジプトに渡ってきたフェニックスは、香木の巣の中で自らを焼く。神官たちがその灰を探ると、なんと芋虫がコンニチワ！ **イヤイヤなんでだよ!!**

でもこの芋虫、とても礼儀正しくて羽が生えて無事ヒナになると、**神官たちにお礼をいって去っていく**のだ。さすがフェニックス、賢い。

こんな妙な生態のおかげで、中世ヨーロッパでフェニックスは再生のシンボルとして持て囃（はや）されたんだ。案外、死体に湧くウジから、**魂が再生することを期待して**のイメージだったのかもね。

 フェニックスの体の色ははっきりしていなくて、記録した人によって金色だったり赤や緑だったりするんだ。

PEGASUS
ペガサス

ペガサスは
やましい気持ちを抱いた人を振り落とす

　ペガサス　ギリシア神話に登場する神馬。背中に翼の生えた馬で、自由に空を飛ぶことができる。英雄ペルセウスが怪物メデューサの首を切ったとき、その切り口から飛び出して誕生したといわれる。大神ゼウスの雷鳴と電光を運んだ神聖な馬で、人間には乗りこなせないとされた。しかし、夢の中で女神アテナから黄金の手綱を受け取った英雄ベレロポンだけは別で、ペガサスに乗って空を飛び、怪物キマイラを退治したとされている。

「**フ**ァンタジー世界で乗ってみたい生き物は?」と聞かれてまず思いつくのが天馬ペガサスという人は多いはず。

そりゃそうでしょう。翼を持つ気品のある白馬にまたがって空を駆け巡るなんて、絶対気持ちイイに決まってる! 見栄えもいいからきっと**モテモテ**ですよ旦那さん!!

ところが世の中そんな甘くない。ペガやんは **外見同様と〜っても気位が高いのだ!** 邪悪な気持ちで跨れば即座に空から真っ逆さまである。怪物キマイラ退治で知られるベレロポンも、神様相手に武勇伝を自慢しようとしてドスン!! **哀れ頭がおかしくなってしまった**(虻に刺されて驚いたって話もあるけどカッコ悪いから内緒)。

けれどペガサスの気位が高いのも当然の話。父は海神ポセイドン、母は地母神ともされる怪物メデューサなのだ。もし、乗せてもらう機会があったら**素直に「ありがとう」といっておこう。**

―その気位の高さは
　どこから来ているのですか?

なんという愚問!いいですか?私はかの海神ポセイドンと地母神メデューサの子ですよ?なぜか馬の姿となりましたが見てくださいよこの輝かんばかりの白い毛並みと翼を!空を駆けるこの私を見た大神ゼウスが私にこそ御自らの雷鳴と雷光を運ぶにふさわしいと大役を任せられたのですからそれに応じた気品が必要であると見れ ばお分かりになるかと思うのですがきっと私は高貴すぎて私を直視

ペガサスは自分の力で泉を湧き起こすことができるんだって。ボクのお家にも温泉を湧かせてくれないかなぁ。

WYVERN
ワイバーン

ワイバーンは
紋章として描かれるために生まれた

　ワイバーン　飛竜とも訳されるドラゴンの一種。フランスのドラゴンであるヴィーヴルがイギリスに入って変化したものだという。鷲のような2本の脚と蝙蝠のような翼を持ち、顔は鰐のように長く伸び、口には牙が並び、尾の先端が鏃のような形をしている。ヨーロッパの紋章によく登場する怪物だが、紋章学では敵意の象徴とされ、このことからも獰猛な性質だと想像できる。湖に棲むものもおり、足には水掻きがあるという。

大きな翼に2本の脚、尖った尻尾をくねらせて大空を飛ぶワイバーン。なんとも絵になる姿じゃぁありませんか。**そりゃヨーロッパの貴族たちも紋章を飾るために使うよね！**

　こんな優美な生き物だから、さぞやいろいろな逸話があるのだろうと調べてみると、**これがほとんど見当たらない。**一番古いと思われるのが15世紀にイギリス北部で活躍した騎士、ジョン・コンヤーズがワームと呼ばれる毒竜たちを退治したお話で、記録されたのは18世紀以降の書物。しかも、ワイバーンはワームの別名という扱いなのである。**あれれ、これはいったい……。**

　実はワイバーンは**紋章学のなかで生み出された存在で、伝説や伝承から生まれた存在ではない**という説が有力。竜の紋章として名前が登場するのも17世紀のことで、その前身のワイバーという名前も13世紀以前には用いられていない。**モンスター界では新参者なのだ。**

空の生き物

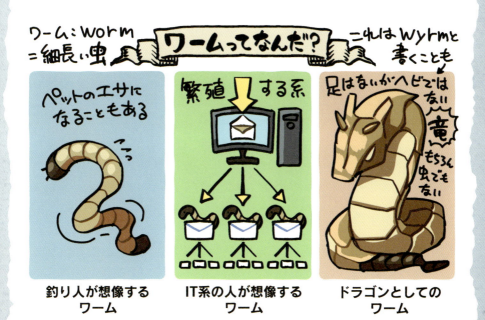

| 釣り人が想像するワーム | IT系の人が想像するワーム | ドラゴンとしてのワーム |

紋章から生み出された存在……ボクも形から先に入るタイプだから、ワイバーンのかっこよさには憧れちゃうなぁ。

27

ACHLIS
アクリス

アクリスは
倒れるとひとりで起き上がれず
死んでしまう

アクリス プリニウスの『博物誌』でスカンジナビアの島の生まれだとされている草食動物の一種。身体つきはヘラジカに似ているが、決して横たわることがなく、眠るときは木に寄りかかる。これはアクリスが後脚の関節を持たず、一度横たわると二度とおき上がれないためであり、この動物が寄りかかりそうな木をすぐに倒れるように切っておけば、簡単に捕まえることができるという。また、アクリスは上唇が極端に大きいので、後ろ向きに移動しながら草を喰ったという。

凄く眠い時に体を横たえられないって辛いよねぇ。インドでは、行者さんが神様に祈るための苦行に採用するほどですよ。

　そんな苦行を生まれながらに強いられている生き物が、『博物誌』に登場するアクリスだ。スカンジナビアに棲んでいるというこの生き物には、後足の膝の関節がない。**だから一度横たわってしまうと、二度と立ち上ることが出来ない**のだ。なにか悪いことでもしたんですかね、この子たち？

　しょうがないからアクリスたちは木に寄りかかって寝る。ところが悪い猟師たちが木に切れ目を入れて待ち構えてるからたまらない。

　アクリスに安住の地は無いのか！　といいたいが神は彼らを見捨ててはいなかった。なんとアクリスはとてつもなく速く走れるのだ！　しかも発達した上唇で草を食べながら、後ろ向きで‼

　いや、もうちょっとなんというか別の進化は無かったのかしらん……。

森の生き物

①棒を立てて隠れます　　②寄りかかって寝たら棒を倒します　　③一丁あがり。

　一番気になるのは、アクリスがどうやって種族を存続させてきたのかってところだよね。

29

WEREWOLF
人狼

人狼は
自分を狼だと思い込んでるただの人
…の場合もある

人狼【じんろう/わーうるふ】 人間が狼に変身する、いわゆる狼男。白ロシアや東欧、北欧などを中心にヨーロッパの森林地帯に棲むといわれている。普段は人間と同じように暮らしているが、夜になると狼に変身する。変身にはふた通りあって、完全に狼になってしまう者と、身体中から毛が生えてくる者がいるといわれる。いずれの場合も理性は失われ、凶暴になり、人や家畜を襲うのである。襲われて死んだ人間は必ずワーウルフになるといわれる。

人から獣に変身する存在は、世界各地の伝承に語られている。彼らは呪い、精霊との同一化、あるいは血筋によって動物の姿をとり、超人的な力を発揮するのだという。だが、その行為はポジティブなものばかりではない。**おっ、ちょっと今回はアカデミック。**

今日伝えられる人狼のイメージは、中世ヨーロッパで確立されたものだ。普段は人の姿をしているけれど、狼、あるいは毛むくじゃらの獣人となって家畜や人間、特に女性や子供を襲って貪り喰う。

これだけなら単なる怖い怪物なんだけれど、本当の怖さはその行為が、**一部の人間を強く惹きつけてしまったこと**なんだ。中世や近世の裁判記録には、自分が人狼であると主張する変質者の事例がいくつも報告されている。彼らは**狼のベルトと呼ばれる変身アイテム**で狼になったと主張していた。いやいや、**こんな変身ヒーローは要らないよ！**　本物の人狼たちも、きっと迷惑に感じていただろう。

 人狼の簡単な見分け方を教えてあげるね。それは、両方の眉毛が繋がっているということ！ほかにもロシアでは、舌の裏に剛毛が生えてるとか……。

DRYAD
ドライアド

ドライアドは
デートをすっぽかされたことがある

　　ドライアド　ギリシア神話に登場する樫の木のニンフ（精霊）。美しい乙女の姿をしており、樫の木は彼女たちと生死を共にすると考えられていた。木の中でも樫の木はとくに神聖な木であり、彼女たちは神々に愛されていたので、古代のギリシア人たちは樫の木には斧を近づけないようにしたという。神話では、樫の木を切ってドライアドを殺した男は何を食べても満腹にならないという罰を受け、食料を得るために娘を売り、最後は自分自身を食べて死んだという。

今のように連絡手段が発達していない時代、待ち合わせというのは結構当てにならないものだった。**待ち惚けを食らえば腹が立つのも人情というもの**。まして感情の起伏が激しい精霊では……。

樹木の精霊というと静かなイメージがあるけれど、ドライアドたちは結構アクティブ。狩猟の女神アルテミスのお供として森を闊歩し、森を守る自警団まで作っている。**見た目は可愛いけど、腕力にものをいわすタイプなのだ**。だから怒ると怖い。

そんなドライアドがデートをすっぽかされたら、**これはもう一大事だ**。蜜蜂に眼を潰されたり、殺されてしまうこともある。ボードゲームや円盤投げに夢中になってすっぽかしたのは自業自得だが、連絡役の蜜蜂が嫉妬から嘘をついたなんて話も。**完全に不可抗力だよこれ！　というかやり過ぎ!!**　神話時代の恋愛はデートひとつとっても命がけみたい。豪華ディナーぐらいで勘弁してくれないかなぁ。

 ドライアドによって木の中に引きずり込まれると、たった1日しか過ごしてなくても、元の世界に戻ると数100年経っていることがあるそうだよ。

FAIRY
フェアリー

フェアリーはもともと
**羽の生えた小さな姿という
イメージではなかった**

フェアリー　妖精の総称。ラテン語で「運命」を意味するfatumが中世フランス語で「魔女」や「妖精」を意味するfayに変化し、英語に取り入れられたのだという。当初は「fayがかける魔法」の意味でfayerieの語が用いられていたが、次第に「妖精」全般を意味する言葉として用いられるようになった。現在のfairyの綴りは、16世紀のイギリスの詩人スペンサーが『妖精の女王』で用いたのが最初とされている。

「フェアリー」というと、ピーターパンに登場するティンカーベルみたいな、**小さな体に昆虫のような羽が生えた姿**を想像する人も多いだろう。
　ところがヨーロッパには「フェアリー」という小さな可愛らしい妖精たちの伝承は残っていない。実は「フェアリー」という言葉は**単一の妖精種族ではなく、妖精全般を意味する言葉なのだ**。

　現在イメージされるような小さな可愛らしい羽の生えた妖精さんは、**16世紀のイギリスの詩人スペンサーの物語やシェークスピアの演劇、それに影響を受けた書籍などから生まれたもの**。それ以前に「フェアリー」といった場合、**小人や巨人、動物、人間などその姿は千差万別**で、個別の名前をいわないと伝わらない状態だった。
　もっとも、今ではこの優雅な妖精さんのイメージは世界中で愛されている。**やっぱり絵になるもんね。**

フェアリー

　フェアリーたちが踊った跡にはフェアリー・リングと呼ばれる輪っかが残るんだって。実際は菌類のしわざらしいけど……。

森の生き物

MAJIMUN
マジムン

マジムンは
人の股の間を通りたがる

　マジムン　沖縄県に出現する悪霊の総称。牛や豚、家禽（かきん）などのありふれた動物に化けて出現する。マジムンは沖縄の言葉で「悪霊」という意味がある。人間を見ると必ず股の間をくぐり抜けようとするが、これにまたの下をくぐられると皆魂を取られて死んでしまうという。マジムンそのものには特定の姿はなく、何に化けているかで名前が異なる。牛に化けた牛マジムン、豚に化けたウワーグワーマジムン、家鴨に化けたアイフラーマジムンなどがいる。

マジムン。このちょっと可愛い異国情緒に溢れる名前は、**沖縄の言葉で魔物、化け物などの意味を持つ言葉である。**

　当然、特定の姿をしているわけではなく豚や牛、犬などの家畜や家禽、台所用品などの器物、時には**赤ん坊や老婆の姿**などで出てくることもある。出る場所は屋外が多いアウトドア派だ。種類が多いだけに能力も様々。**騙したり、誘惑したりと千差万別のやり方で人間を困らせてくる。**ちょっと、もう、勘弁してよ！

　その上、マジムンには共通するさらに困った悪癖がある。人の股をくぐるのだ。なんだ可愛いもんじゃないか、なんて油断しちゃいけない。**マジムンに股をくぐられると魂を取られて死んでしまうのである。本当に困った連中だよ！**　だからマジムンに出会った人は、股をくぐられないように脚を交差したり、石をぶつけて追い払おうとしたそうな。**でも、ただの勘違いだとちょっと危ないよねこれ。**

もし股をくぐられたら魂を奪われちゃうんだけど、運よく生き残った場合も恐ろしい。なんと生殖能力を奪われてしまうんだ……。

送り犬
OKURIINU

送り犬の前で転んでも
ごまかせば逃げられる

送り犬【おくりいぬ】夜中に山道を歩く人間のあとをいつまでもついてくるといわれる、山犬（狼）の姿をした奇怪な妖怪の一種。歩いている人間が転ばずに、家までたどりつけば何もしない。だが、途中で転んだりすると、ふいに獰猛な本性を現して襲ってくるのである。しかし、すべての送り犬が危険なのではない。なかには、人間を襲おうと待ちかまえている山犬たちから守ってくれるものもいて、無事に家に着いたとき、草鞋と握り飯をやると帰って行くという。

夜道を急ぐ旅人の背後にヒタヒタとついて回る1匹の犬。コイツを頼もしいと思うか、怖いと思うかは状況次第だけど、**意図が分からない同行者ってのは気味が悪いよね、やっぱり。**

　送り犬、あるいは送り狼と呼ばれる連中につけまわされたという話は、日本各地に残されている。彼らは基本的に夜道をついてくるだけだが、一度転ぶとさぁ大変。たちまち襲い掛かって首をガブリ！　**畜生、やっぱり悪者だったのね!!**

　ところが彼らが人間を襲う基準は**「家に着く前に転んだ」**という部分にあるらしい。だから無事家に帰り着いたお礼として食べ物をあげたり、もう帰宅したという意味で靴を脱いだり足を洗ったりすると何もせずに帰っていく。もし転んでも、**「休憩だ」**などといえば誤魔化せちゃうのだ。

　しっかし、送り犬たちは遊びのつもりかもしれないけど、**命懸けの遊びに無理やり付き合わされる**のはたまったもんじゃないなぁ。

　まさに命がけの「だるまさんがころんだ」だね！　送り犬も怖いけど、乙女のみんなは送り狼にも気をつけようね。

KAMAITACHI
かまいたち

かまいたちは
切った相手の傷口に薬をつける
という説がある

鎌鼬【かまいたち】日本の中部地方を中心に各地に伝承が残されている妖怪の一種。その名前から鎌のような刃物を持つ鼬の姿で考えられることも多い。かまいたちに傷をつけられても、痛みも無ければ血も出ず、風が吹いたくらいにしか感じられないのだという。このため、かまいたちは魔風に乗って出現するともされている。また、かまいたちは3人組の神であり、ひとり目が人を倒し、ふたり目が切り裂き、3人目が薬をつけるので傷が痛まないという説もある。

かまいたち？　ああ真空でブシュッと斬るあれね！　そう、まるで刀で切られたが如き傷を負うから、『構え太刀』なんて呼ばれてるのが、かまいたちだ。でも、このかまいたち現象、**実は存在しない**なんて話もあるけど気にしないでおこう。大事なのは妖怪かまいたちだ。

　人様を切りつけておいて、薬で治療してくれる有名な3人組のイタズラものたちは、飛騨地方に伝わるかまいたち。実は悪い神様らしいけど、**何でこんなことをするかはわからない**。一方、越後の連中は目的がハッキリしてる。切り傷から生き血を吸うためなのだ。**吸血いたちかよ！**　というツッコミは置いといて、そのためかコイツらのつける傷は浅いし血も出ない。でも油断をしたら危ないぞ。**悪寒や発熱に苦しめられたり、最悪死ぬこともあるんだ**。そんなときは、古い暦の黒焼きを飲むといいという。なぜか直ってしまうらしい。ちなみにこの暦、かまいたちには大事なものらしく、持っていると襲われないとか。

山や谷の生き物

自然に溶けこむ妖怪たち

かまいたちと違い馬だけを狙う　**頚馬**

カーエーセ！カーエーセ！

収穫されなかった柿の妖怪　**タンコロリン**

荒ぶる風の神　**一目連**

夜になると泣く　**夜泣き石**

人の手に渡ってしまった自分の田んぼを返せと叫ぶ　**泥田坊**

　かまいたちは「窮奇（きゅうき）」と書くこともあるんだ。窮奇は中国の妖怪で、翼の生えた虎の姿をしているんだよ。

GANCONER
ガンコナー

ガンコナーのあだ名は「言い寄り魔」

この人は
言い寄り魔です

　ガンコナー　アイルランドの妖精の一種。次々と女に言い寄ることから、言い寄り魔といわれることもある。若い男性の姿をしており、パイプをくわえて人里離れた寂しい場所に出現すると、次々と若い娘たちを口説くのである。口説かれた娘たちは皆がみな恋心を抱くが、ガンコナーの方はさっさと姿を消してしまう。このため、娘たちは皆、ガンコナーのことを恋こがれて死んでしまうという。本当は老人の姿をしており、魔力を使って娘たちの心をつかむのだという。

プレイボーイってヤツは、いつの時代もいけ好かないもんですな。特に女性が傷ついても気にしないようなのは最悪。

ガンコナーは、その最悪なプレイボーイの代表みたいな妖精である。名前からしてアイルランドの言葉で「**愛の語り手**」っていうんだから筋金入りだ。**かーっ、キザな野郎だねぇ。**

そんな彼が大好きなのが、純粋無垢な田舎娘たち。煙草のパイプを片手に魅力的な黒い瞳で見つめられると、**もう彼女たちはガンコナーの虜**。しかし、ガンコナーはすぐに彼女たちに飽きて新しい恋を探しにいく。たまらないのはフラれたほうだ。なんと、**ガンコナーに恋い焦がれて死んでしまう**というのである。

これがガンコナーの魔力なのかどうかはわからないが、とにかく迷惑なヤツだということに変わりはない。だけど、現実でもこういう男は常に一定の需要がある。**乙女心ってのは複雑**だ。

 ただのイケメンじゃなくて、ちょっと陰のあるイケメンってずるいよね。「寂しいのかな？ 側にいてあげなくちゃ！」とか思っちゃうもんね。

43

KODAMANEZUMI

コダマネズミ

コダマネズミは
人前にでてくると
自爆する

コダマネズミの　じばく！

小玉鼠【こだまねずみ】秋田県北秋田郡の猟師たちが山中で出会うという不思議な鼠の一種。普通の鼠のようで、見たところは恐ろしくはない。だが、目の前に出現したと思うとふいに身体が膨れ始め、そのうちに大音響をたてて破裂し、内蔵などが飛び散るのである。これは山の神の警告であり、それ以上猟を続けても不猟だといわれる。破裂するコダマネズミには祟りがあるので、猟師たちは家に帰って「ナムアブラウンケンソワカ」と呪文を唱えて、お祓いをするという。

背中に三筋の模様がある丸っこ～いネズミ。眠るときは集まって玉のようになるという。こう書くととってもファンシーなコダマネズミ。でも、**猟師さんからすると絶対会いたくない相手だ。**

彼らは山の神様の機嫌が悪いときに現れて、破裂音を立てて猟を失敗させてしまう。その**姿を見たり、音を聞いたりしただけでも不幸な目に遭う**というから性質が悪い。

何より嫌なのが、その破裂音の立て方だ。なんと**背中から裂けて弾け飛ぶ**というのである。さらに彼らの正体は、山の神様を怒らせた猟師さんのなれの果てというオマケつき。**勘弁してよ！**

動物に変えられた同業者が目の前で爆死させられるなんて、ちょっとしたホラー映画顔負けの展開じゃないの。コダマネズミ避けの呪文があるというけど、**そりゃあ唱えたくもなるよね……。**

 かつて山が女人禁制であった頃、一夜の宿を乞うた女（じつは山の神）を追い払ったマタギたちが、コダマネズミにされてしまったといわれているよ。

KONTON
渾沌

渾沌は中国の四凶なのに
何の力もない

渾沌【こんとん】 中国神話の中で、天地開闢のころに生きていたとされる、わけのわからない怪物。犬のような姿で長い毛が生え、爪のない足は熊に似ている。目はあるが見えず、耳はあるが聞こえない。脚はあるが、いつも自分の尾をくわえてぐるぐる回っているだけで前へ進むことはなく、空を見ては笑う。徳のある人を忌み嫌い、凶悪な人に媚びるという嫌な性格もある。「渾沌」は「混沌」に通じ、「わけがわからない状態」という意味らしい。

混沌。原初のカオスと聞けば、強大な存在と誰もが思うことだろう。でも、その混沌が**ぬぼ〜っとした、何も考えてなさそうなゆるキャラだとしたら**……。そう、それが中国に伝わる渾沌である。

コイツは世界に人類が現れたころにはもう崑崙山の西にいた。たいそう変な生き物で、犬のような姿で長毛。ヒグマのような足だけど爪がない。あるいは、2対の翼とゾウのような3対の足、豚のような身体だともいう。目も耳もない、あるいは聞こえない。

この足とか翼の生えた饅頭みたいな生き物は「神鳥」と呼ばれたり、中国の凶悪な魔物「四凶」のひとつに数えられたりしている。ところが普段は、尻尾をくわえてクルクル回ったり、天を仰いでヘラヘラと笑ったりしているだけ。悪事といえば**善人や弱者にはつっかかり、悪人や強いものには縋り付くぐらい**。

何なのコイツ!? と言いたいところだが、人間なんかがその行動理念なんてわかるはずない。だって**原初の混沌そのもの**だから。

山や谷の生き物

コレが混沌(カオス)の権化だと…!?

「どっち」のニンゲンか迷うな…

中二病(カオス) vs 渾沌(カオス)

善?悪?

 渾沌のお腹の中には普通ならあるはずの五臓がなくて、まっすぐな腸だけがあるんだって……。

47

SHUTENDOUJI
酒呑童子

酒呑童子は
もともとイケメンだった

酒呑童子【しゅてんどうじ】平安時代に京都の大江山に棲んでいたとされる鬼。室町時代の物語集『御伽草子』などによると、酒呑童子は背丈が6m以上で角が5本、目が15個もあったといわれる。大江山では龍宮のような御殿に棲み、数多くの鬼たちを部下にしていた。日本で最強の鬼といってよく、しばしば京都に出現し、若い女を誘拐してはそばに仕えさせたり、刀で切って生のまま喰ったりした。だがこの悪行のために、源 頼光とその配下の武士によって退治された。

物語に登場する妖怪の中でも大物中の大物が、この酒呑童子だ。ヤマタノオロチの血を引くなんて話もあるぐらいだから血筋も折り紙付き。**ところが、酒呑童子は生まれついての鬼だったわけではない**。鬼になる理由には諸説あるけど、中でも壮絶なのが次のお話だ。

お寺に稚児として仕える外道丸少年は、**乱暴者だが絶世の美少年**。当然モテにモテまくり、毎日のように大量の恋文が届くという始末。それを鼻にもかけずに無視していると、今度は彼に恋い焦がれた女性が死ぬという噂が流れ始めた。困った彼は恋文を焼いてしまう。

そりゃそうだよね、不吉だし。ところがこれがマズかった。恋文から上がった妄念の煙が外道丸少年を包み込み、**哀れ彼は鬼になってしまうのである**。こ……怖い！

ここから彼の鬼としての人生が始まるわけだけど、**ちょっと理不尽な気もするなぁ**。

 酒呑童子の名前の由来にはいろんな説があって、シュタイン・ドッチというドイツ人冒険家が正体だって話もあるんだよ。なんだかギャグみたいだね。

TENGU
天狗

天狗は
教えたがりが高じて
少年を連れ去ってしまう

天狗【てんぐ】日本全国の深山幽谷に棲むと考えられていた妖怪の一種。山伏のような格好をしており、顔は赤く鼻は高く、高下駄を履いて腰に太刀を差し、手に羽や団扇を持っている。天狗は、古くは落雷のときに天から落ちてくる狗だともいわれたが、修験道の影響も加わり、山伏風の雰囲気を持つようになったという。空を飛んだり魔力を使ったり、力は絶大だが、優れた僧にはかなわないといった弱点がある。高度な神通力を持つ大天狗や鳥の嘴を持った烏天狗などがいる。

京の都の北の果て、鞍馬山の奥深く、牛若丸こと若き日の源義経は、父の仇を討ち果たさんと天狗たちの元で修行に明け暮れていた。

いやぁ〜、絵になるなぁ！ 天狗といえば河童や鬼と並ぶ日本の妖怪のトップスター。**天台宗のお坊さんを目の敵にしたり**、深山で人を驚かせたりといろいろと逸話も多い。この中で特徴的なのが人にものを教えること。『今昔物語』には**天狗の幻術を武士が学び、面白がった陽成天皇も使ってみた**なんて話もあるぐらい。

ところが、この教えたがりが高じてか、**天狗は子供を連れ去ってしまう**のである。目的は跡継ぎ獲得らしいけど、大抵少年がターゲット。そういえば牛若丸も……。実は江戸時代はこの手の話が多く、国学者の平田篤胤も天狗少年寅吉に取材して『仙境異聞』を書き上げている。その篤胤先生が知りたがっていたのが、**天狗が少年好きなのか**どうか。あ〜、やっぱり気になりますよね。そういうの。

山や谷の生き物

天狗ってなんで天の狗っていうの？
※諸説あります

語源は中国語の「彗星（隕石、流星）」

流星は**災厄の予兆**であり、災厄をもたらす**妖怪や仏教の敵**、特に山で空を飛ぶものを**天狗**と呼んだ

日本に流入

鼻の高さは実は必須じゃなくて高くない種もいっぱいいる

大気圏突入時の轟音を狗（犬）の吠え声に見立てて「天の狗」と呼んだ

烏天狗の本来のモデルはトンビ。後世になって人型の天狗と鳥型の天狗を分ける際に混同されたとか…。

天狗の鼻は高い！ と考えられるようになったのは室町時代の後期からで、雅楽に用いる「胡徳面」という仮面がモデルと考えられているよ。

BAKU
バク

バクは もともと 鉄を食べて生きていた

獏【ばく】人の悪夢を食べるとされている幻の動物の一種。身体つきは熊のようで、斑点模様があり、象の鼻、猪の牙、犀の目、牛の尾、虎の脚を持つという。人が眠っているときなどにやってきて悪夢を食べてくれるので、バクがくれば人はよく眠れる。また、悪霊を追い払う力もあるので、昔はバクの絵を描いた札を枕の下に敷いて眠ることが流行したりした。起源は中国だが、夢を食べる能力は日本のバク独特のものだという。

やあ！　突然だが**鉄分はちゃんと採っているかな？**　鉄分不足で貧血は辛いからね。そんなときはバクさんを見習って鉄をモリモリ食べちゃおう！　なに、バクは夢を食べるんじゃないかって？　**実はそれは日本限定のお話**。伯奇（はくき）という、夢を食べる妖怪と混同されたからなんだって。でもまあ縁起物扱いだしいいよね。

　さて生まれ故郷の中国では、バクは鉄や銅、竹、さらにはヘビを食べちゃう超雑食性。こんな奴だから**糞も武器になるほど硬い**。**おしっこなんて金属を溶かす**。**とんでもないスーパークリーチャーだ**。おまけに、バクの皮で作られた寝具は病気や湿気を寄せ付けない。

　でも外見は以外にラブリー。頭は熊に似て白黒の斑紋があり、目は身体に比して小さい。うん？　**これ実はパンダなんじゃないの！？**

　まあでもこれはあくまでも一例。象の鼻、足は虎、尻尾は牛という良く知られたバクの描写も伝えられているから、安心して欲しい。

山や谷の生き物

　もしかしてボクってバクの仲間だったの！？　みんなの夢を食べるのがバクで、夢を届けるのがぱん太って覚えてね。

雪女 YUKIONNA

雪女は
お風呂に入ると溶ける

雪女【ゆきおんな】雪の多い地方で、雪の夜に出現するといわれる女の妖怪の一種。雪の精だともいう。とても美しい人間の女の姿をしているが身体は冷たく、近づくと精気を奪われて凍死してしまう。夜に山小屋を訪れ、眠っている人に白い息を吹きかけて殺すこともある。冷たい場所でしか生きられないので、人にすすめられて風呂に入った雪女は湯の中で溶けてしまうという。人間に化けることもでき、人間の男と結婚したという話もある。

部屋の温度やお風呂の温度って、家族の間でも結構もめるよね。暑い寒いの感覚は人によって違うし、ましてや相手が雪女だったりしたら、**体感温度の差は壮絶なものになるだろう。**

　雪女、雪女郎、つらら女、雪姫、etc……。これ全部、雪女の名前。名前と同じように、その逸話も地方によって様々だ。出会った人を凍死させたり、子供をさらったり、子供を預けて力試しをしたりといろんな雪女がいるけど、単にキレイな女の人が押し掛け女房にくるって話もある。**うらやましいなあ。**

　でも、彼女は家族がお風呂を勧めても、囲炉裏のそばにきて暖まるようにいっても「**寒くない**」の一点張り。それで終わればいいんだけど、**結局根負けしてお風呂に入り溶けてしまうのだ。**

　家族も雪女も相手を喜ばそうって行動なんだけど、**それで死んじゃあ元も子もない。**なにごとも話し合いって重要だね。

山や谷の生き物

　ある心理学者によると、寒さのあまり朧とした意識によって生み出された幻影が雪女の正体なんだって。

ECHIDNA
エキドナ

エキドナは
ご満悦でお昼寝しているときに
殺された……という説がある

エキドナ　ギリシア神話に登場する、下半身が蛇で上半身が美しい若い女性の姿をした怪物。アルカディア地方の洞穴に棲み、美しい女性の上半身だけを見せて旅人を誘っては喰い殺したといわれる。最後は百眼の巨人アルゴスに殺されることになったが、その前に数々の怪物を産んでいる。その怪物たちには地獄の番犬ケルベロス、レルネのヒュドラ、奇怪な怪物キマイラ、オイディプスに退治されたスフィンクス、ネメアのライオン、ヘスペリスの林檎を守る竜のラドンなどがいる。

人が仕事をしてる横で呑気にイビキなんてかかれると腹が立つもんですな。そう、あなた、エキドナさんですよ！

　ギリシア神話でも1、2を争う怪物たちの母親。そして神々を脅かし、大神ゼウスすらあわやというところまで追い詰めたテュポンの妻といえば、こりゃ**悪の大幹部の貫禄**なんだけどねぇ。

　彼女は世界を巡る戦いになんか興味はない。旦那が退治されようが、子供たちが退治されようがどこ吹く風。子供たちの復讐のために怪物を産み続けた、母親の大地母神ガイアとは大分違うんですな。

　そんな彼女が普段のごとく旅人を食べて、食後のお休み中に現れたのが、**不眠不休で怪物や悪人を退治して回っていた**アルゴスさん。身体中に100個の目がある見た目は怖いが頼りになるヒーローだ。眠らない彼が、就寝中の彼女を倒したというのは皮肉なもの。**やっぱりちょっとムカッときたのかな？**

　下半身が蛇だからという理由で、キリスト教ではエキドナは娼婦の象徴とされているんだって。

CENTAURS
ケンタウロス

ケンタウロスは
酒ぐせが悪い

ケンタウロス　ギリシア神話に登場する怪物の一種。上半身が人間の姿をしており、腰から下に馬の胴体と4つの脚を持っている。ケイロンという名の特別に優れた賢者がいるにはいるが、ほとんどのケンタウロスは短気で酒飲み、好色で粗暴なところがあって、失敗も多い。有名なのは英雄ペイリトオスの結婚式での事件である。棲んでいる土地が近かったことから招待されたケンタウロスたちは、酒に酔った挙句に花嫁を犯そうとし、結婚式を滅茶苦茶にしている。

その昔、ギリシアに**イクシオンという悪〜い男**がおりました。

　義理のお父さんを殺したのを大神ゼウスに泣きついて許してもらったと思ったら、今度はそのゼウスの奥さんヘラを自分の彼女にしようと考えるんだから**トンデモナイ野郎**である。

　ゼウスはビックリしたのかドッキリでも仕掛けようと思ったのか、とにかくヘラそっくりの雲を作ってイクシオンを待ち構えた。

　この雲とイクシオンの間に生まれたのがケンタウロスの一族というわけ。いやぁ、見た目だけなら完璧なんですよホント。でも**スケベで酒癖が悪く、女性とみれば追いまわす**んだからたまらない。

　一応、賢者ケイロンや大酋長（だいしゅうちょう）ポロスのような真面目で知的なケンタウロスもいるけれど、実は彼らは**イクシオンの血を引いてはいない**。オマケに**他の連中が「酒をよこせ！」と起こした騒動に巻き込まれて死んでしまう**のである。ああっ、**なんて迷惑な一族……**。

草原・荒野の生き物

『パーシー・ジャクソンとオリンポスの神々』には、神々と人間の間に生まれた子供が通う「ハーフ訓練所」という施設が出てくるんだ。ここの教師がケイロンさんなんだよ。

CYCLOPS
サイクロプス

サイクロプスは
目を攻撃されると
一撃でやられる

サイクロプス ギリシア神話に登場する巨人族。額の真ん中にただひとつの目を持つ。鍛冶仕事の名人で、ゼウスの武器である電光や雷霆を作ったのも彼らの一族の者だとされる。シチリアのエトナ火山の地下に仕事場があり、鍛冶の神ヘパイストスの監督の下にアポロンの弓やアテネの鎧も作った。叙事詩『オデュッセイアー』ではシチリア島らしき島に棲み、一族の中でも巨大なポリュペモスという名のサイクロプスが、漂流してきたオデュッセウスの部下6人を喰ったという。

何事もひとつしかないものは大事にしたいものだ。命、地球、**そして目玉**。目玉がひとつ？　そう、これはひとつ目巨人サイクロプスのお話。

　サイクロプスは古い種族だ。大地母神ガイアが産んだブロンテス、ステロペス、アルゲスを祖とする彼らは怪力にして、精妙な技巧の持ち主。かの**大神ゼウスの雷を鍛えた工匠**なのである！

　と、ここまではエリートのお話。一般的に知られているのは、人喰い巨人の方だろう。こいつらは神の血族で不死であるのをいいことに、**真面目に仕事をせず適当に牧畜をして暮らしていた**。

　その代表といえるのが海神ポセイドンの子ポリュペモス。乱暴で高慢、英雄オデュッセウスが一夜の宿を求めたら、いきなりその部下をムシャリである。その挙句、**目を潰されて「お父さん、コイツらやっつけて」とお願いする始末！**　でも、こんな奴でも**恋する妖精に歌を捧げるような知的さは**、一応残ってはいたんだよね。

草原・荒野の生き物

ひとつ目の巨人にはアリマスポイもいるんだけど、彼らは自分たちの力で黄金を手に入れているよ。怠け者のサイクロプスとは大違いだね。

SPHINX
スフィンクス

スフィンクスは
謎に正解されると発狂する

スフィンクス ギリシア神話に登場する怪物。人間の女の頭と乳房を持ち、身体はライオンで背中に鳥の翼を持っている。怪物エキドナとテュポンの娘であり、堕落したテーバイ人を懲らしめるため女神ヘラの命令でテバイ近くのピキオン山にやってきた。そこで、スフィンクスは崖の上から旅人たちに「朝は4本、昼は2本、夕べには3本足で歩く生き物は？」と謎をかけ、解けなかった者を喰ったという。エジプトのスフィンクスが起源になっているといわれる。

スフィンクスっていうと、雄大なナイルと砂漠を背景にそびえ立つアレを思い浮かべる人も多いはず。でもここで紹介するのは、あの巨大な石像ではなくナマモノ。**有名な謎々を出すアイツだ。**

女性の頭と上半身、獅子の体に鳥の翼と欲張りボディの彼女は、女神ヘラの命令で古代都市テーバイの街道に居座って、道行く人にクイズを仕掛けていた。**不正解の罰ゲームは食材として彼女の食卓にGo！**というんだから性質が悪い。では正解の場合は？というと「**謎が解かれれば、災いは取り除かれる**」というご神託。

結局、この危険なクイズ番組は、旅人オイディプスが勝利して、スフィンクスが自殺するという結末で終了した。ご神託の通りだけど、「**部下の死も織り込み済み**」は、ちょっと可哀想じゃないですかヘラさん？

ちなみにスフィンクスは、中世において娼婦の誘惑的な愛の象徴とされている。**この場合、謎を解くのは良いのか悪いのか。**

草原・荒野の生き物

―ヘラさんはどうして街道にスフィンクスを居座らせたのですか？

クイズ番組が見たかったのよ

ニコォ…

 時には謎を謎のままにしておくことも大事だよね。

TROLL
トロール

トロールは友達になると
お金をくれることがある

　トロール　北欧の国々に棲む妖精の一種。北欧神話に登場する霜の巨人族ヨトゥンの末裔ともいわれる。人々が寝静まった白夜の夜に出現し、村々を徘徊する。巨人というより妖怪のような存在で、トロールがそばに寄るだけで家畜はおびえ、雌牛の牛乳の出が悪くなり、雌鳥が卵を生まなくなるという。薄暗い影の中でしか目撃されたことがないので姿については曖昧で、手足や頭の存在がわかるだけだという。ヨーロッパの他の国々では、トロールは醜い小人だともいわれる。

ト ロール。北欧の伝説に登場する巨人たちの末裔ともいわれる妖精たち。トールキンの『ホビットの冒険』や、映画などの印象で**凶暴でコワーイ巨人**と思っている人も多いだろう。ところが、彼らの仲間は**なかなか愉快な連中**ぞろいなのだ。

　一般にトロールとはいわれるものの、**その性質も姿かたちも国によって千差万別**。共通点自体が少ない。たとえば、デンマークでは髭の生えた赤い帽子の小人でエプロンをしている。一方、ノルウェーの女性のトロールは長い赤毛の美人さんだ。スウェーデンのトロールはアイルランドの妖精と同様に古い塚の地下に棲んでいて、そこに財宝いっぱいの宮殿を構えている。しかも、**気に入った人間にはその財宝を分けてくれたりする気っ風の良さ**だ。もっとも怒らせたら祟られちゃうんだけど。あの有名なムーミンも、トロールの仲間である。**ああいうトロールなら友達になりたいなぁ。**

草原・荒野の生き物

 日光が嫌いなトロールに会うには、夕方から明け方までの時間に探すしかない。ちなみにトロールの誘拐を避けるには、ヤドリギの枝が有効なんだ。

BAHAMUT・BEHEMOTH
バハムート・ベヒモス

バハムートとベヒモスは
同じいきもの

　バハムート　聖書に登場する怪物ベヒモスのアラビアでの呼び名。聖書のベヒモスは河馬（かば）のような怪物だが、アラビアの伝承に登場するバハムートは巨大な魚の姿をしており、大地を支えているといわれる。その巨大さは極端で、その鼻の中では7つの海さえ砂粒のようだという。また、ある目撃談では、バハムートは聖書に登場するレヴィアタンに似た怪物とされ、ものすごい速さで泳いでいたのに、目の前を通過するのに3日間もかかったといわれる。

大地を揺るがす巨獣ベヒモス！　こう書いてみると、なんとも様になるじゃぁありませんか。お次は天空の支配者バハムート……、って**魚じゃないか！**　そうゲームじゃ有名なドラゴンなんだけど、バハムートって本来はイスラム教でのベヒモスのことで大地を支えるお魚ですな、これが。とはいえガッカリするのはまだ早い。

　ベヒモスは神が「**傑作**」と太鼓判を押すいきものだし、バハムートにはその姿に**イエス様がたまげて気絶した**なんて昔話がある。

　そう、ベヒモスはカッコいいのだ！　**食肉だけど**。えっ？　と思った皆さん、これが嘘じゃあないんですよ。ちゃんと『旧約聖書』に**相方のレヴィアタン共々食肉にされると書いてある。**

　で、食べられるとなったら味が気になってしまうのが人間のサガ。やっぱりベヒモスはステーキ、バハムートは煮つけがいいかな。

　悲しげな目で見つめられている気がするのでこの辺で。

草原・荒野の生き物

ベヒモスのステーキ

バハムートの煮付け

中世の悪魔学の分類だと、ベヒモスは人を大食の罪に導く存在だとされているんだ。やっぱり食から逃れられないんだね……。

牧神パン
PAN

牧神パンは
好きな女の子を
笛にして持ち歩いている

牧神パン【ぼくしんパン】 ギリシア神話に登場する半人半獣の神の一種。人間の男の上半身に山羊の脚と角がある。普通、パンはヘルメス神の子供だとされているが、母親の方はその子の姿を見るや驚いて逃げ出したという。しかし、ヘルメスがこの子を抱いて神々の住むオリュンポスの山へ行くと、すべての神が喜んだ。そこで、この子には「すべて」を意味するパンという名が与えられたのである。

叶わぬ恋の思い出。そんなメランコリックな宝物を、今でも大事にしている人は少なくないだろう。だが、**それが愛した人の身体の一部だったとしたら……**。純愛？　それともストーカー？

さて、**それを実際やってしまった**のが伝令神ヘルメスの息子（ゼウスの息子という説も）の牧神パンだ。生まれた時からヒゲもじゃで角が生え、ヤギの下半身という変わり者。でも音楽と踊り好きの陽気な性格で、体を動かすのも得意な行動派である。

そんなパンが、あるときひとりのニンフに恋をした。処女神アルテミスに仕える生真面目な娘で、名前はシュリンクスという。真面目な子だからパンが口説いても逃げ出す始末。あまつさえ、パンに抱きつかれそうになると、他のニンフに助けを求め、葦に姿を変えてしまった。パンは**その葦で笛を作ると**彼女の名前をつけたという。

ちょっと待って？　それって**シュリンクスは無事なの……**。

草原・荒野の生き物

 牧神パンは文学の世界でもおなじみで、アーサー・マッケンの『パンの大神』や中井英夫の『牧神の春』にもその名が登場しているよ。

| MYRMECOLEO
ミルメコレオ

ミルメコレオは
セミよりも儚い一生

　ミルメコレオ　前半身がライオン、後半身が蟻の姿をしており、性器が逆についている怪物。奇妙な虫のような姿で描かれることもある。2世紀ごろ成立の動物寓話集『フィシオログス』や18世紀の小説『聖アントワーヌの誘惑』に登場し、「ライオンが蟻の卵を妊娠させる」と誕生するとされる。穀物を食べる蟻を母とし、野獣を食べるライオンを父としているので、父の性質のために穀物が喰えず、母の性質のために肉も喰えず、すぐに飢え死にするという。

百獣の王ライオンが外骨格の鎧を供えた生物兵器がいたら……、そんな妄想チックな生き物がミルメコレオだ。でも残念、**コイツはそんなにカッコイイ生き物じゃない**。ライオンの首から下、あるいは下半身がアリさんなのである。

その出生も風変わりだ。なんとライオンの父親とアリの母親から生まれてきたのである。**いくらなんでも無理なカップルじゃ……**。

まぁ、生まれはともかくライオンと、力持ちで勤勉なアリの合成獣となれば結構強そうに思える。けどねぇ、**あんまり長く生きられないんですよ、この子**。頭はライオンだからお肉が食べたい！　でも体は穀物を食べるアリ（中世ヨーロッパではそう考えられていた）だからお肉を消化できない。**なんと呪わしい体なのだ！**　なんて嘆くこともできず、**ミルメコレオは生まれてすぐに飢え死にしていくのである**。どうすればよかったんですかね、ミルちゃんは？

草原・荒野の生き物

　ミルメコレオはヨブ記の一節、「老いたる獅子、獲物なくして滅ぶ」という言葉をギリシア語訳したときに、「アリ獅子」と語訳したことから生まれたといわれてるんだ。

71

LAMIA
ラミアー

ラミアーは
自分の目を外して寝る

　ラミアー　ヨーロッパの伝説に登場する半人半獣の怪物。美しい女の顔と乳房を持ち、それ以外の部分は獣の姿をしている。身体中に鱗があり、前脚は猫、後脚は牛ともいわれる。砂漠に棲み、遠くから旅人を誘惑し、近づいてきた者を喰ったりした。聖書に登場するアダムが最初に妻としたリリスという女がラミアーになったという説もある。このラミアーは下半身が蛇の姿で、アダムに裏切られた怒りから、生まれたての赤ん坊をさらっては喰うようになったという。

昔、リビア（アフリカ）に美しいお姫様がいた。大神ゼウスに気に入られた彼女は、たくさんの子宝にも恵まれたが、幸せは長く続かない。ゼウスの妻ヘラが怒って**彼女の子供たちを皆殺しにしてしまったのだ**。悲しみが強すぎて、彼女は子供をさらい貪る化け物に変身する。そんな彼女にヘラは不眠の呪いをかけ、さらに狂気を煽った。これを哀れんだゼウスは、**彼女に目玉を取り出す能力を与える**。この間だけ、彼女は全てを忘れまどろむことができた。

　これがラミアーなんだけど、ほかに解決方法が無いのゼウスさん？

　若者と結婚しようとしたラミアーが、正体を暴かれ涙ながらに姿を消すなんて話もあるし、彼女らには哀しみの影がつきまとっている。

　これだけじゃ気が滅入るので、変な話をひとつ。**ラミアーに金玉がある**と書いた大昔の詩人がいる。それに基づいたらしい中世の版画もあるんだけど、**あんまり美しくないねこれは……**。

草原・荒野の生き物

 ラミアーの瞳をモチーフにしたカラーコンタクトを販売したら、きっと人気になると思うな。

IMP
インプ

イタズラ好きなインプは
1ヵ月間タダ働きをしたことがある

インプ イギリスの森に棲む妖精の一種。インペットともいう。人間の子供くらいの大きさがあり、全身が黒く、目は赤く、尖った耳と先端が鉤型になった長い尻尾がある。インプという言葉には「挿し木」の意味があり、悪魔から分かれた小悪魔だといわれる。性格は意地悪で、人助けをする場合でも裏では何かよからぬことを企んでいる。ある物語ではトム・ティット・トットという名のインプが、糸を紡ぐ仕事を引き受けるかわりに若い娘に結婚を迫って困らせている。

人間、勢いで話しているとロクなことがない。**ついつい見栄を張って無理な仕事を引き受けてしまったり**。こうなると、あとは恥を忍んで詫びを入れるか、死に物狂いで仕事をこなすしか道はない。「まぁいいや」なんて怠けていると、甘〜い誘惑の言葉と共にアイツらがやってくる。

そう、小鬼のインプだ。中世以降、**悪魔の一種と考えられるようになる**コイツらは、基本的にイタズラ好きの厄介者。ところが、**意外なことに約束にはとても忠実なのだ**。

トム・ティット・トットやテリートップといったインプたちは、「仕事をする代わりに名前を当てられなければ嫁にする」という約束を怠け者の娘に持ちかけるが、油断から名前を知られ、怒りながらも姿を消してしまう。**完全にタダ働きだが約束は約束**。一方、娘は危機的状況にも関わらず、改心した様子はない。ねぇ、また困ったらインプを働かせればいいやとか考えてないよね？

人里の生き物

『宝島』『ジキル博士とハイド氏』などで有名なスティーヴンソンも、まさに「The Bottle Imp」という短編を書いているんだ。何でも願いを叶えてくれる、小瓶に入った悪魔の物語だよ。

75

厠神
KAWAYAGAMI

厠神は
かなりの神経質

厠三原則
・入るときは咳で合図
・洗髪の人はお断り
・厠を汚さない

厠神【かわやがみ】日本や中国の旧式の便所に棲む精霊の一種。日本の厠神は便所の壺の中にいて、片手で大便を、もう一方の手で小便を受け取るが、唾を吐いた場合は口で受けとめなければならずひどく怒る。また、厠神は恥ずかしがりやなので、便所に入る前は咳払いして合図しなければいけないとされる。中国では厠神は倚という名で、白い杖を持ち、青い衣を着ており、その名を知って呼ぶ者は許すが、知らずに呼ぶと死ぬといわれる。

厠神なんていない！ なんてことを学者さんが真面目に考えてしまうぐらい厠神は謎多き存在である。この不在説の根拠というのが、**厠神が礼儀にうるさい**ということなんだから面白いもんですな。

まず、トイレ回りの礼儀作法が成立し、**それを守らせるために怖い神様を作り上げた**というわけ。

ともあれ厠神様自体は、紙や焼き物でできた男女対の神様を祀る形式で古くから信仰されてきた。また、神道では女神イザナミのウンチやオシッコから産まれたハニヤスヒコとハニヤスヒメ、ミツハノメの3柱の神様、女神様が、仏教では**敵が作ったウンチの城を喰い破った**烏枢沙摩明王という強者が厠神に割り当てられている。

祀られているのが誰であれ、夜中に行くのがちょっと怖いトイレに神様がいてくれるのは色々と心強いもの。

個人的には**やさしい美人の女神様**がいいなぁ……。

人里の生き物

 昔から厠・便所は出産との関わりが深くて、妊婦が厠を掃除すると美しい子供が産まれるという伝承があるんだ。

KOBOLD
コボルト

コボルトは人を試したいとき
牛乳におが屑を入れて様子を見る

　コボルト　ドイツの家に棲む小人の精霊の一種。妖精のブラウニーやホブゴブリンと同じように、家人の眠っている間に馬の世話や皿洗いなど家の仕事を手伝ってくれる。その報酬として1杯のミルク程度のわずかなものしか求めないが、報酬を怠ると家を出て行ってしまう。積極的な性格のものは壁や天井を叩いて自分の存在をアピールし、家人と声だけで会話を楽しむようになるし、役にたつ忠告を与えてくれるといわれている。

家事や仕事が多すぎると、ついつい泣き言を言いたくなるのが人間というもの。誰か手伝ってくれないかなぁ、なんて周囲を見回しても誰もいるはずもなく疲れ果てて眠ってしまう。

こんなときに、そっと働いてくれるのがコボルトさんだ。近年は犬の頭の怪物と思われがちだけど、**これはあくまでゲームや創作でのお話**。ドイツ周辺に伝わる古い伝承に登場するコボルトさんは、民家や鉱山に棲む小人のような姿の妖精さんだ。

さてこのコボルトさん、**住み着こうとする家を見つけると、まずミルクや床におが屑を撒き散らす**。迷惑な野郎だ！ と怒らずにここは我慢我慢。**彼らは住民の人間性を観察しているのだ**。もし気に入ってもらえれば、あとは少量のミルクのお礼で働いてくれる。

しか〜し、昨今の日本の住宅事情では彼らがきてくれるはずもない。**結局、自分のことは自分でやるしかないのである**。トホホ……。

 地下に住むコボルトは金属を腐らせるから、鉱山に残った金属のかすを「コバルト」と呼んだらしいよ。

座敷童子
ZASHIKIWARASHI

座敷童子には
結婚してるものもいる

座敷童子【ざしきわらし】東北地方で、家に棲むとされる精霊の一種。裕福な旧家の座敷などに出没する。大きな害はないというが、座敷童子が棲む部屋に泊まると、夜の間に枕を反対側に移動させる枕返しをしたり、じゃれついてきたりして、客を眠らせないという。また、座敷童子が棲みついた家は豊かになり、出ていくと貧乏になるともいわれる。少女の座敷童子もいれば、蔵など座敷以外に棲むものもいて、ザシキボッコ、クラボッコなどいろいろな名前で呼ばれている。

赤い着物におかっぱ頭の5～7歳ぐらいの女の子。幸運のシンボルでもあるし、**ひとつウチにもきてくれないもんかな？** なんて考える人も少なくないと思われるのが座敷童子。実際、**座敷童子を授けてくれるなんてお寺もあって結構人気もあるらしい。**

でも、座敷童子の本場、東北地方の伝承を見てみると座敷童子のイメージは多種多様だ。男の子？ まぁ問題ない。お婆さん？ 優しければちょっと嬉しいかな。夫婦者……、**なんでご夫婦の面倒見なきゃなんないの!?** 襖の隙間からニュッと出てくる細い手にいたっては、もうどちらかといえば守り神というより妖怪だ。

それに座敷童子は幸運をもたらしてはくれるけど、没落を防いでくれるわけではない。**家が没落するのを知り、座敷童子が泣く泣く出ていったなんて話もある。** 結局、座敷童子たちはキッカケにすぎず、幸も不幸も人間次第なのだ。**う～ん、楽はできないもんだなぁ。**

人里の生き物

物音がした方を見れば
襖の隙間から「ニュッ」と
白く細い手が出てきていて…

不審者かッ

いくら幸運のシンボルといっても、独り身の四畳半に夫婦が転がり込んできた日には、心の平穏とはオサラバだよね。

豆腐小僧
TOFUKOZOU

豆腐小僧は手に持った豆腐を**落としてしまう!**

豆腐小僧【とうふこぞう】豆腐を持って雨の日に出現するといわれる妖怪の一種。頭を坊主にした童子の姿で大きな編み笠をかぶり、手に持ったお盆に豆腐を乗せ、雨がしとしとと降る日に竹藪の中から姿を現すという。出現した豆腐小僧はあたりを見回し、誰か道を行く者がいるとすぐに近づいて行く。子供向けの妖怪事典などには、豆腐小僧に勧められた豆腐を食べると全身にカビが生えるとするものもある。

暗い夜道で思わず人に出くわすと、だれしもギョッとするものである。それが付いてくるとなれば、なお怖い……。

あれ？　**こうやってみると立派な妖怪じゃないか**豆腐小僧。この豆腐小僧、江戸時代末期に流行した「黄表紙」と呼ばれる大人向け娯楽本に突如として登場した妖怪である。大きな頭に竹の子笠をかぶり、漆塗りのお盆に紅葉模様の豆腐を乗せて立ってるだけ。不器用らしく、ちょこちょこ歩き回っては**豆腐の乗ったお盆を引っくり返す**。**豆腐が無いときはなんと呼べばいいんですかね……**。

これが大人気となり、見た目も単純なもんで大人も子供も真似をした。**妖怪まで豆腐小僧の格好をしてみせる**話があるからスゴい。

ところが、明治時代初頭でこのブームは終了。ひとつ目になったり、長い舌で豆腐を舐めたり努力はするが、20世紀末の再発見まで忘れ去られてしまうのである。**キャラクタービジネスの闇を感じるなぁ**。

 食べものに絡めたゆるキャラはいつの時代も需要があるんだね。みんなも豆腐小僧の生存戦略を考えてみよう！

NEKOMATA
猫又

猫又は死体がお好き？

猫又【ねこまた】歳をとって霊力を身につけ、妖怪化した猫の総称。姿は普通の猫とあまり違わないが、毛を逆なですると光り、尾の先がふたつに分かれているという。行灯の油をなめ、人の言葉さえ話すという。江戸時代の奇談集『老媼茶話』には飼い猫が猫又になって老婆を喰い、その老婆に化けたという話もある。これは福島県会津の出来事で、老婆に化けた猫又はふたりの下女まで喰い殺した。家の主人が怪しく思って犬をけしかけ、本性を現したところを退治したという。

猫はなかなか賢い動物だ。戸棚や襖を開けたり、2本足で立ってみたりと芸達者な子も多い。そんな様子を見て、昔の人は考えた。「**こいつら妖怪なんじゃね?**」と。

というわけで生まれてきたのが妖怪の猫又だ。尾が2股に裂けた大猫で、喰い殺した飼い主に化けて入れ替わったり、人を襲ったりと、中々凶暴なヤツである。**あんなにかわいがってたのに酷い!**

なんでそんな凶行に走るのかは猫又に聞かないとわからないが、他にも猫又はワケのわからないことをする。死体を躍らせるのだ。**どうも人間の死体というのは、彼らの興味を引くものらしい。**

実は、洋の東西を問わず「猫が死体を跨ぐと良くない」という伝承が残されている。それだけ猫が死体の側にくるということなんだろうけど、彼らに悪意があったのかどうか。案外、**起きてこない主人を心配しているだけだったのかも……**。

人里の生き物

 アイルランドにも人の言葉を話せる猫の妖精「ケット・シー」がいて、夜な夜な集会を開いていると伝えられているよ。

HOBGOBLIN
ホブゴブリン

ホブゴブリンは
ゴブリンのボスじゃなくて
ただのいい奴

ホブゴブリン　ヨーロッパ各地で、家の守護霊とされている妖精の一種。ホブともいう。妖精の中でも一般的なものである。大して罪のないイタズラをし、1杯のミルクを与えるだけで家事などを手伝ってくれる妖精は、ほとんどホブゴブリンといわれる。人間の子供に似ているが身体は毛に覆われており、長い尻尾がある。下半身が山羊の姿をしていることもある。人間が彼らをからかったりすると機嫌を悪くし、悪質なイタズラをすることもある。

群れをなし人間たちに襲いかかるゴブリン。ずる賢い彼らに人間たちは次第に追い詰められていく。その後ろにはひときわ大きいゴブリンが控え、手下どもに指示を与えていた……。

アニメやゲームじゃよくある光景だけど、もしホブゴブリンが見ていたら、きっとこういうだろう。**「なにこれ、怖い！」**

そう、ホブゴブリンは別にゴブリンのボスとかじゃないのだ。西欧の伝承では悪意ある妖精の代表ともいえるゴブリンだけど、頭に「ホブ」とつくと全然意味が異なってくる。**「ホブ」はイタズラ好きなどの意味を持つ言葉**で、比較的善良な妖精を呼ぶ時に使われることが多い。ホブゴブリンもご多分に漏れず、気立てがよくて人の手伝いとイタズラが好き、**怒るとちょっと怖い**という連中なのだ。

でも「ホブゴブリンにも悪魔にも私の心は怯まない」なんて17世紀の讃美歌があるあたり、**怖がってた人も多かったのかも**。

人里の生き物

 ホブゴブリンのイメージが善良な妖精から邪悪なモンスターへと変わったのは、ファンタジーTRPG『ダンジョンズ＆ドラゴンズ』（D&D）の登場がきっかけだといわれているよ。

MINOTAUR
ミノタウロス

ミノタウロスが退治されたのは
姉に裏切られたから

ミノタウロス　ギリシア神話の中でクレタ島に棲んでいたとされる雄牛の怪物。人間の身体に、巨大な雄牛の頭を持つ。クレタ島の王妃パシパエと雄牛の間に生まれた子供だったが、人間を喰うという悪癖があった。そこで、ミノス王はこの怪物を、入ったら2度と出られない迷宮の中心に閉じこめ、餌としてアテナイから連れてきた少年少女を与えていた。これを知ったアテナイの王子テセウスがクレタ島に乗り込んで怪物を退治したという。

その昔、ミケーネの国に変わった子供がいた。その子の名はアステリオス。ミケーネ王ミノスの王妃と白い雄牛との間に生まれた牛頭人、後のミノタウロスである。**義理にはなるけどミノちゃん、一応王族なのだ。**

　聡明なら牛の頭もアピールポイントだったかもしれないが、とんでもないことにミノちゃんは**人喰いという悪癖を持っていた。**

　義理の父であるミノスは、名工ダイダロスに命じて迷宮を造らせるとミノちゃんを放り込んでしまう。が、その食料となる少年少女をアテナイに要求して、ミノちゃんをせっせと養っていた。**いや、ほかになんかやることあるんじゃないのミノスさん？**

　ところが、これが原因でミノちゃんは、怒って乗り込んできたアテナイの王子テセウスに退治されてしまうのである。オマケに**彼に一目惚れした姉のアリアドネが手引きしているのだから救われない。**

　……なんかこう、ドロドロしてるねこの話。

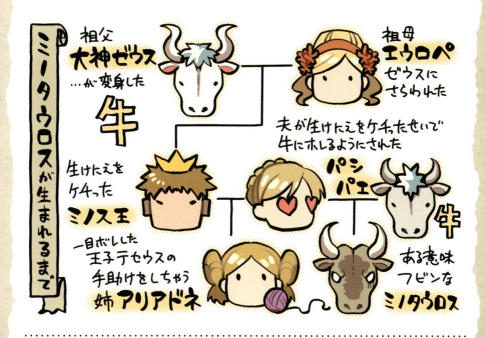

 ミノタウロスの本名はアステリオス。ギリシア語で「星」「雷光」という意味なんだって。

ROKUROKUBI
ろくろ首

ろくろ首は
気がゆるむと首が伸びる

轆轤首【ろくろくび】 首だけが数メートルも伸びてしまうという妖怪の一種。昼の間は人間と同じ姿で、完全に人間として生活している。夜、眠っているときだけ首が伸びてしまうので、自分でも自分がろくろ首だということを知らない場合が多いという。江戸時代後期の随筆『甲子夜話』によると、ろくろ首の首が伸びるときには、まず首のあたりから細長い煙のようなものが出てくるが、それが襖の上の欄間のあたりまで伸びても、頭はその先で相変わらず眠っているのだという。

首がみょ～んと伸びるあの妖怪。昔はオバケ屋敷などで定番のキャラだったのがろくろ首だ。もっとも、**その歴史は江戸時代初期の文献からと、首の割には長くはない。**

ひとまとめにされることが多いけど、実はこの妖怪にはいくつかの種類がある。「ろくろ首」と呼ばれるものは、首が長く伸びるタイプ。「抜け首」は胴体と首が分かれ、独自に動き出すタイプだ。

このろくろ首、妖怪としてメジャーではあるが、**伝承では人間であることが多い。**ただ、特殊な体質や持病の持ち主で、**就寝中などに伸びたり抜けたりした首が、夢遊病のように勝手に動きまわるのである。**自分の意思で伸ばせれば、便利なのにねぇ……。

当の本人たちも困っているようで、**ろくろ首と知れると職場を辞めたり、ショックで出家したりしてしまっている。**ちょっと可哀想だし、どこかいい就職先とか無いですかね？

人里の生き物

抜け首　ろくろ首　飛頭蛮
首(頭)が抜けて動く **ろくろ3姉妹** 耳で飛ぶ中国の妖怪

スポーツのレフェリーとか向いてそうじゃない？

GARGOYLE
ガーゴイル

ガーゴイルはもともと
魔除けではなく
雨水を吐く飾りだった

ガーゴイル　ヨーロッパのキリスト教寺院の壁などに取りつけられた、怪物などを型どった石の彫像。翼の生えたドラゴンや人間と鳥を合成したような姿のものなど、いろいろな形のものがある。グロテスクな形のものが多いのは、悪霊を追い払う役目があると同時に、信仰心の薄い者はこんな化け物に喰われてしまうと警告する役目を持っているからだという。もともとは雨水を流し出す樋口の働きをするもので、集まった水がガーゴイルの口から流れ出す仕組みになっていた。

薄暗い迷宮を進む冒険者。その行く手には不気味な彫像が……。こいつは、アレか？　近づくと襲い掛かってくるっていう、アレ！

今や悪魔の形をした動く彫像のイメージが強いガーゴイル君。しかし、本来の彼らは**ゴシック様式の教会建築に使われる雨樋の排水口**なのである。いやーだったらもう少しこう、可愛い奴でもいいんじゃない？　といいたいが、この姿にはちゃんと意味があるのだ。

現在のように大半の人が文字を読めるわけじゃなかった中世ヨーロッパ。**教会は人々に解りやすく教義を教えるために、絵や彫像を盛んに用いていた**。ガーゴイルが吐き出す雨水は、罪や穢れの象徴で、教会はそんなものを受け入れないと説明しているのである。

さらに、彼らには魔除けや不審者避けの意味もあった。**怖くて当然なのだ**。今でもせっせと水を吐き出し、教会を守る彼ら。**たまには「お疲れ様」の一言でも、かけてあげてもいいのかもしれないなぁ。**

コイツら生き物？

世界の ガーゴイル 探訪

〈イタリア〉ミラノ大聖堂　色々な動物型　なんか吐きそうなトリ　イヌ

〈アメリカ〉ワシントン大聖堂　聖職者　〈どや〉てる　ウワァー

〈イギリス〉ソールズベリー大聖堂　なんか食いつかれてる人　ペロリ

〈フランス〉ノートルダム大聖堂　ほおづえガーゴイル　※雨どいではないが広義ではガーゴイル

ディズニーのアニメ映画『ノートルダムの鐘』には、主人公カジモドの友達として3体のガーゴイルが登場するよ。原作には出てこないオリジナルキャラクターなんだ。

JACK O LANTERN
ジャック・オ・ランタン

ジャック・オ・ランタンは
カボチャじゃなくてカブだった

ジャック・オ・ランタン　アイルランドやスコットランドなどの伝承に登場する鬼火の一種。悪魔をだまして死後天国にも地獄にも行けなくなった男が、悪魔から餞別としてもらった石炭を蕪のランタンに入れて地上をさまよう姿とされる。よく似た伝承を持つウィル・オ・ウィスプと混同されることも多い。その他にも、これらの地域には沼地に誘い人の命を奪うものや、隠された宝を守る番人など様々な鬼火の伝承が残されている。

近頃ではすっかり日本にも定着したハロウィン。この時期になると町中が黒とオレンジで染め上げられる。黒は可愛い黒猫ちゃん、そしてオレンジは**カボチャ頭のジャック・オ・ランタンだ！**

ところでコイツ一体何者なの？　と調べてみると、**これが案外ろくでもない**。悪魔も騙す小悪党で、天国からも地獄からも閉め出されたオッサンの幽霊なのである。うわっ、ショック。で、このジャックさん、**地獄の悪魔から選別にもらった石炭の燃えさしを蕪のランタンに入れて地上をさ迷っているので、ジャック・オ・ランタンと呼ばれている**のだという。えー、じゃあカボチャのランタンは一体なんなの？

実は、あのカボチャ細工はアメリカ発祥の別の風習が習合したもの。元々のランタンは蕪なのだ。カボチャ自体アメリカ原産だしね。

まぁ、**蕪のランタンを持ったオッサンより、陽気なカボチャ頭のほうが人気は出るよね**。ビジュアル的にも……。

コイツら生き物？

天国からも地獄からも閉め出されたオッサンことジャックの話

①酒代6ペンスが欲しくて悪魔と魂の取引をする

②悪魔をやり込めて魂を取らないと約束させる

③色々やらかした男は死後天国に行けず悪魔との約束で地獄にも行けない

つまりジャックは 現代日本で8円弱 **酒代6ペンスのために彷徨う幽霊になった男**

 他にもホビー・ランタン（ホビーの灯り）やキット・イン・ザ・キャンドルスティック（燭台の中のキット）など、たくさんの仲間がいるよ。

NURIKABE
ぬりかべ

ぬりかべは
下半身がよわい

塗壁【ぬりかべ】福岡県が遠賀郡の海岸近くの夜道に出現するといわれる妖怪の一種。暗い道をひとりで歩いているときに、通り道を塞ぐように、急に壁みたいなものが出現する。これがぬりかべで、壁の横を通り抜けようとしても、壁はどこまでも続いていて前へ進めないという。このとき、落ちついて壁の下の部分を棒でつついてやるとぬりかべは消える。しかし、慌ててしまって壁の上の方を叩いている限り、壁は消えず、前へ進むことはできないのである。

アレ何ていう名前だっけ？　こんにゃくのオバケみたいな四角いアイツ。そうぬりかべさんだ！　**かの水木しげる先生が南方で出会った**ともされる、いわくつきの妖怪なのだ。

　コイツに出会ったらまずは一服。落ち着くことが重要だ。なにしろ、目の前に何もないのに前に進めない。時には壁や蚊帳、さらには襖までが立ち塞がることもある。**でも慌てたら相手の思うツボだからね？**　さて、落ち着いたら棒なり何なりで、足元を払ってやろう。すると、何をしても進めなかった道が、途端にすいすい進めるようになる。**どうもぬりかべさんは足元が弱点らしい**。ちなみに上の方は叩いても利かないから注意だ。

　さて、ここまで読んで気づいた人はいるだろうか？　ぬりかべさんには、**実は決まった姿はない**。むしろ怪奇現象といえる。タヌキや3つ目の犬のような怪物という説もあるけど、正体は不明なのだ。

コイツら生き物？

　『ゲゲゲの鬼太郎』のおかげでメジャー感があるけど、実は福岡県の一部の地域で見られる妖怪なんだよ。

GANESA
ガネーシャ

ガネーシャの頭は
たまたま通りがかったゾウのもの

ガネーシャ　人間の身体に象の頭を持ったインドの神。ガナパティともいう。4本の腕があり、腹はでっぷりしていて、2本の牙のうち一方が欠けている。また、鼠を乗り物にしている。破壊神シヴァの妻パールヴァティーが自分の身体の垢を練り上げて創ったもので、最初は完全な人間の姿をしていたといわれる。しかしシヴァとのいさかい、あるいは事故によって頭を失い、象の首を取り付けられて蘇生した。インドでは商売繁盛の神として、現在も人気が高い。

ゾウの頭にぽっこりお腹、にこやかに微笑みながら、人々に福徳をもたらしてくれるガネーシャさん。でも、**この頭にはちょっと可哀想なエピソードが隠されているのだ。**

　ガネーシャさんは破壊神シヴァの神妃、パールヴァティーが独力で生み出した存在だ。その役割はずばり、お風呂を守るガードマン！

　いやぁ、**それだけのために息子を産みますか……**。で、この時は、まだ頭も普通だった。さて、シヴァが帰ってきてみると妻のお風呂の前に見知らぬヤツがいる。しかも、自分を通そうとしない。ムッとしたシヴァは**必死で頑張るガネーシャさんの首をはねてしまった**。パールヴァティーは当然怒ったね！　そりゃもう怖いのなんの。

　そこでシヴァは、見つからなかった頭の代わりに、ゾウの頭を付けてあげたんだ。**それでいいのか!?**　でも、この共同作業でガネーシャさんは、**シヴァの本当の息子になれた**のかもしれないね。

 夜道で転んだとき、ガネーシャのお腹にはパーティーで食べたお菓子がたくさん詰まっていたんだよ。

CERBERUS
ケルベロス

ケルベロスは
お菓子をもらうと門を通しちゃう

ケルベロス ギリシア神話に登場する地獄の番犬。半人半蛇の怪物エキドナと全能の神ゼウスを苦しめた怪物テュポーンの息子にあたる。3つの頭を持つ猟犬の姿をしており、尾は竜であり、背中にはあらゆる種類の蛇が生えている。頭の数は50ともいわれる。生肉を喰らい、青銅の声をしているとされる。冥府の入口にあるハデスの川の対岸を棲家とし、地獄の王ハデスのために、許可なく地獄に入り込もうとするものや、そこから逃げ出そうとするものを見張っている。

強面の人に意外に可愛い一面があると、親近感がわいてくるもの。ギリシア神話に名高い冥界の番犬ケルベロスも、そんな**ギャップ萌えな一面を持つ生き物だ**。

ギャップ、という以上、当然のようにケルベロスは怖い。ギリシア神話に登場する怪物たちの母エキドナの子で、兄弟たちも恐ろしい奴らばかり。本人も3つの頭にヘビの尻尾、背中に無数のヘビの頭を持っている。

オマケに青銅のような声をしてるってんだから大迫力だ。**普通は近寄るのをご遠慮したい**。

ところがこのケルちゃん、実は冥界に入ってくる人間には耳と尻尾でスリスリする**甘えん坊なのだ**。まぁ冥界からの出入りを見張る番犬だから、出て行こうとすると怒ってパクっとやる。そんな時は蜂蜜とケシ入りのお菓子をあげてみよう。**ケルちゃんはこのお菓子が大好物なのだ**。だから昔の人は、死者にお菓子を持たせて埋葬したんだって。

『神統記』に登場するケルベロスは50もの頭を持つとされていたんだ。かなり怖いね。

SALAMANDER
サラマンダー

サラマンダーには火の中に投げ込まれて死んだものがいる

　サラマンダー　ヨーロッパにおいて、火の中に棲むと考えられた蜥蜴に似た怪物の一種。錬金術師たちは火の精霊と考えた。実際に、ヨーロッパでは石綿の布がサラマンダーの皮として売られたという。また、サラマンダーの皮で作った服は、たとえ汚れても火に投じればきれいになるとされた。プリニウスの『博物誌』にはちょっと変わった記述があり、サラマンダーは雨の日だけに現れる生き物で、非常に冷たく、これに触れると火は消えてしまうとしている。

ゆらゆら揺れる火というものは、なんだか不思議で心を引き付けられるもの。もし、その炎の中に小さなトカゲが棲んでいたら……。**ちょっと可愛いよね**？

　現在では火の精霊とされるサラマンダーだけど、それはあくまで16世紀の錬金術師パラケルススが定義したものだ。それ以前は、**実在するサンショウウオや、火の中に棲むトカゲ程度の扱いだった。**

　オマケに身体が冷たいから火の中でも平気なんだとか、猛毒であるとか火の中から出ると死んでしまうとか、**当時の知識人たちが好き勝手なことをいう**。挙句の果てにはサラマンダーを実際に火中に投げ込む人まで出てくる始末。実験結果は無残なもので、**当然彼らは焼け死んでしまった**。ううっ、かわいそうに……。

　そんなサラマンダーだけど、精霊化以降は大幅イメチェン。情熱的な美女とされることもあるのだ。**変われば変わるもんだね。**

…このようにして黒焦げになったサラマンダーは**珍味イモリの黒焼きとして販売**…

されません

精霊サラマンダーさん

異界の生き物

サンショウウオは冬になると地中や枯木の中で冬眠をするから、それを知らずに薪として火にくべられると驚いて火の中から飛び出してくる。だから「火の中に棲んでる」と思われたんだよ。

SENKO 仙狐

仙狐には
筆記試験がある

仙狐【せんこ】狐の中でも、能力に優れ仙人的立場にあるもの。中国の考え方で、特別な試験に合格した狐だけが仙狐を目指すことができる。試験に合格した狐は生員、合格していない狐は野狐と呼ばれる。生員だけが狐の仙道を修行するが、修行には人間に変身する方法や人間の言葉、鳥の言葉の学習がある。人間の言葉と変身方法を学ぶと人間の姿になることができる。普通、仙狐となるには千年かかるが、人間に変身する力のあるものは500年ですむという。

試験なんて大っ嫌いだ！　なんて人は世の中結構多いはず。しかし、学生、社会人を問わず避けて通れないのも試験なのである。

中国にいる仙狐も試験に悩まされている妖怪だ。彼らは山野の狐が修行して仙人になったもの。**古くから信仰の対象にもなっていて、待遇はとても良い**。しかぁし、仙人になるためには**血の滲むような努力と気の遠くなるような時間が必要なのだ！**

まず、鳥類語と人語をマスターし、変化の術を極めて人化をしなければならない。これに何と500年！　さらにここから狐やイタチの仙人を取り仕切る仙女、**泰山娘娘（たいざんにゃんにゃん）の試験を突破しなければ仙人修行の許可は出ない**のだ。終わるまで1000年はかかるよこれ。

ちなみに、我が国の狐さんはというと、例えば王子稲荷などでは**榎の木を飛び越えて、その高さで位を決めていた**そうな。こっちのがノンビリしてて良いなぁ。

 人間に化けた狐と夫婦になるお話もめずらしくないんだ。有名な陰陽師、安倍晴明のお母さんも葛の葉という狐だったという話があるよ。

HALPHAS
ハルパス

ハルパスは悪魔なのに
平和の象徴である鳩の姿をしている

ハルパス ソロモン王が書いたとされる魔法書『レメゲトン』に挙げられている72柱の悪魔のひとり。しわがれ声で話す鳩の姿をしている。その姿に似合わず好戦的な悪魔で、召喚されると戦争を巻きおこし、剣を振り回して敵に切りつける。戦争のために必要な城塞を作り、武器や弾薬、兵士たちを集めることができるという。書物によっては鸛（こうのとり）の姿で出現するともされている。

人間、追い詰められていると誰かの手を借りたくなるもの。**神様が助けてくれないんなら、いっそ悪魔でもいいや！** と、手に入りにくい魔導書を手に入れ、訳の分からない文字と格闘しながらついに呼び出した悪魔は……、鳩。

　しかもただの鳩じゃない、オシャレに着飾った鳩だ！ ハルパスはそんな悪魔である。鳩といえば忙しい神様に代わって彼方此方を飛び回る聖霊の象徴。ノアの箱舟にオリーブの枝を運んで洪水が終わったのを教えたのだって鳩だ。**アンタそれでほんとにいいの？**

　とまぁ、人間にこんなこといわれてもハルパスは困ってしまうだろう。なんせハルパスはコウノトリの姿で現れるとしている文献もあるのだ。他の悪魔たちも同様で、**文献次第で姿がころころ変わるヤツもいる**。様々な魔力を持つ悪魔からすれば、姿なんてどうにでもなるのだろう。案外、**混乱する人間たちを観察して楽しんでいるのかもしれないなぁ。**

異界の生き物

 ハルパスは死と破滅の伯爵と呼ばれているんだ！ カッコイイ！

BLACK DOG
ブラックドッグ

ブラックドッグは
口が臭い

ブラックドッグ 魔犬の一種。イギリス全土でしばしば目撃されたという。日本では黒妖犬などと訳される。子牛ほどの大きさで、目だけが赤くらんらんと光っている。人間の役にたつこともあるが、見たり触れたりしただけで人は死んでしまうともいわれる。マン島に現れたブラックドッグの場合、うなり声だけでひとりの兵士を殺したという。シャーロック・ホームズシリーズの『バスカビル家の犬』に登場する奇怪な犬も、ブラックドッグがモデルになっているという。

犬は人類最古の友である。それだけに、犬型モンスターも番犬や猟犬といった誰かの役に立つものが多い。ところが**人間に対して明確な敵意を持って接触してくる連中**もいる。それがイギリス周辺で恐れられているブラックドッグたちだ。

　ご近所の飼い犬に突然吠えられるだけでも結構怖いというのに、こいつらときたら目を赤々と光らせて襲い掛かってくる。オマケに**口からは硫黄臭い息を吐きかけてくる**というからたまらない。あの卵の腐ったような、やる気を失わせてくるアレ。**なんて嫌な連中だ！**

　ブラックドッグによる襲撃は結構記録に残っていて、16世紀末頃にはイギリス南東部にあるバンゲイ教会に激しい落雷とともに現れ信徒を襲撃。さらに近隣のブライスバーグ教会も襲撃して更なる死傷者を出したという。**現代でも出没地域は黒犬街道なんて呼ばれているそうなので、イギリス旅行の時は気をつけよう。**

黒犬襲来　押し売り

異界の生き物

　『ハリー・ポッター』シリーズに登場する黒い犬の噂も、このブラックドッグがモデルになっているんだ。

INUGAMI
犬神

犬神は
ネズミやイタチの姿をしている

犬神【いぬがみ】四国や九州の一部に伝わる憑神の一種。鼠や鼬のような小動物の姿をしているが目には見えないといわれる。犬神は人間によって意図的に作られた邪悪な霊で、自分を祀る人間の意のままに動き、命令によって人に憑く。憑かれた人間は意味不明の言葉を口走り、四つん這いで歩いたりするという。犬神を使役する家系は犬神筋と呼ばれ、その家系の者が犬神を祀りさえすれば、その家は富み栄えると考えられていた。

首まで地面に埋められた犬がいる。目の前に餌を置かれ、散々なぶられ、飢えと憎しみに狂ったその瞳はランランと輝いている。頃合いと見たのか、**呪術師は刀を取り出し犬の首をバサーっと……。**

　ぎゃーっ、怖い怖い！　これが世にいう犬神の製造法。ところが、犬神の本場である中国、四国、九州地方では少々事情が異なっている。ここでの犬神は「犬神筋」と呼ばれる家系に憑く、**ネズミやイタチに似た目に見えない小動物。**

　特に女性に憑いていると考えられ、犬神筋の女性が嫁ぐとそこで増えると考えられていた。ん？　**犬無駄死にじゃないか！**　まぁ、それは置いておいて犬神はマメに働く。人の富を掠め取って一族を富ませ、一族の意に沿わない人々を狂わせ破滅させたりするのだという。

　おかげで犬神筋の人々は凄い差別を受けた。でもね、ほんとに犬神が力をふるっていたら、**差別してた人たち今ごろ全滅してるよね。**

四国の西部では犬神のことを「外道」と呼び、外道除けにフクロウの爪を家にかける地域もあるそう。

VAMPIRE
ヴァンパイア

ヴァンパイアには
スイカの眷属がいる

ヴァンパイア 墓の中の人間の死体が復活し、吸血鬼となった怪物の一種。東欧の国々を中心にヨーロッパ全体に伝承がある。人の姿をしたドラキュラ伯爵もその一種だが、本来のヴァンパイアはいかにも死体らしく醜く、赤黒い顔で、血液のために身体が膨らんでいるという。昼は墓の中にいて夜になると活動し、これに血を吸われた者は吸血鬼になる。十字架とニンニクが嫌いで、胸に杭を打ち込むことで退治できる。変身し、姿を消すこともできるが、ある種の動物には見破られる。

草木も眠る丑三つ時。月光に照らされる美女の首筋を狙い、闇の中に佇む黒い影！ぴっちり決まったスーツ姿、蝙蝠のようなマントを羽織ったアイツは闇の貴公子、ヴァンパイアだ!!

と、高貴で退廃的な不死者の一族というのが、世間一般のヴァンパイアのイメージだろう。でも、**これはあくまで小説や舞台、映画の話。**

伝承に残っているヴァンパイアたちは、大抵もう少し泥臭い。まず変わった生まれ方、魔術や呪い、死因なんかが原因で**誰でもヴァンパイアになる可能性がある。**大抵は血や生命力を奪う醜い怪物だけど**中には無銭飲食や迷惑行為を繰り返すだけのヤツもいる。**オイオイ。

さらに、ヴァンパイアになるのは人間ばかりじゃない。**植物もヴァンパイアになっちゃうのである。**ロマ族の伝承によれば、**収穫してもらえないスイカやカボチャはヴァンパイアになって、唸り声を上げながら転げまわる。**でもそれだけである。ヴァンパイアってなんだろうね。

 吸血スイカはクリスマスの後に10日以上、もしくは長期間放置されると誕生するんだ。でも当然スイカだから歯はないんだよ。

113

陰摩羅鬼 ONMORAKI

陰摩羅鬼は
怒鳴るだけで何もしない

陰摩羅鬼【おんもらき】寺に出現するとされる妖怪の一種。鳥山石燕の『今昔画図続百鬼』では中国の『清尊録』からの引用として、鶴に似た鳥で色が黒く、目が炎のように光り、翼を震わせて甲高く鳴くと説明している。だが、絵の中の陰摩羅鬼は羽を抜かれた鶏のような不格好な姿で、口から火を吐いている。怠け者の僧侶の前に現れるという話もあるが、『清尊録』や日本で書かれた『太平百物語』の話は、単に寺で昼寝をしていた男が怪鳥に起こされ驚くというものである。

不思議なこと、ワケの分からないことというのは、そのままにしておくと何とも気持ちの悪いもので、人間はなんとか理由や意味を探そうとしてしまう。そして、**そういう過程が楽しくもある。**

陰摩羅鬼という妖怪も、そんな不思議な存在の1つかもしれない。**コイツのお話は中国と日本に伝わっているけど内容はほとんど一緒。**

とある人が仕事に疲れ切り、立ち寄ったお寺で居眠りをしてしまう。すると燃える瞳を持つ鶴のような化け物が現れて、その人を怒鳴りつけて起こすのだ。そして、その人がビックリしているうちにスッと消えてしまうのである。**お前なんなんだよ！**

一応、お寺のお坊さんが寺に安置されている遺体から出た「気」が化けて出たのかもと解説してくれるけど、それが本当かどうかもわからない。結局、**どうして出てきたのか、何をしたかったのかよくわからないのが陰摩羅鬼という奴なのである。**

> 元は生き物？

 陰摩羅鬼はお寺に安置された死体の気が、妖怪に変じたものだといわれているよ。『清尊録』や『蔵教』にも書かれているらしいけど、実態はよくわからないんだ。

115

餓鬼 GAKI

餓鬼は格差社会に生きている

餓鬼【がき】 仏教の世界観で餓鬼道に棲むとされる怪物の一種。死んだ人間が生まれ変わったものなので、全体的には人間の姿だが、腹が極端にふくれ、それ以外の部分は痩せ衰えている。餓鬼道は精神的にも物質的にも貪欲に生きた人間が死後に転生する世界で、地獄ほどではないが種々の刑罰がある。この刑罰は基本的には飢えと渇きであり、餓鬼たちはいつも水と食物を求めてさまよっている。人間界に棲む餓鬼や、餓鬼道からさまよい出る餓鬼もいるのだという。

餓鬼といわれて大抵の人が想像するのが、**ガリガリに痩せ細ってお腹ばかり膨らませ、いつも飢えてる妖怪**だろう。少々詳しい人なら、彼らが餓鬼道に落ちた人間たちと知っているかもしれない。

　この餓鬼たちは実に多種多様で、仏典の『正法念処経』によれば、**その種類はなんと36種!**　しかも、その姿や苦しみは一様ではない。

　例えば、矣利提(神通)という餓鬼は、**自分は一切苦痛を受けることがなく、神通力まで使える**。一応、「他の餓鬼からの嫉妬の視線を浴び続ける」というペナルティがあり、**気の弱い人だと胃にものすごいダメージを受けそうだ**。一方、魔羅迦耶(殺身)と呼ばれる餓鬼は、熱い鉄を飲まされるし、餓鬼道での一生が終わると地獄行き確定である。**ヒデェ!**

　この他にも汚物しか食えない連中や、それすら食えない連中、奇想天外な責め苦にあえぐ連中も多い。こんな風に彼らは**トンデモナイ格差社会で生きている**のである。

 後年、この餓鬼たちは妖怪としても扱われるようになったんだ。こいつらは、人に憑依して空腹にさせ、ついには餓死させてしまう恐ろしいヤツらなんだよ。

117

キョンシー
KYOUSHI

キョンシーは
全身けむくじゃら

着替えの時に
毛が挟まる

僵尸【きょんしー】中国の伝説の中で、死んでいるにもかかわらず、まるで生きているように動くとされる死体のこと。中国には数多くいたらしい。顔つき身体つきを見ても生きている人間と区別できない。20年以上も前に死んだ人間が生前と同様の姿で生きている人間とつき合うこともあるし、人間を追いかけてしがみつくものもいる。キョンシーが動くのは夜間だけで、昼は棺の中に戻るが、棺の中では痩せていてミイラのようで、それを燃やすと奇怪な声を発するともいう。

腕を前に突き出し、硬直した体でピョンピョンと跳ねる影。清朝の官服に身を包んだ男の目は落ちくぼみ、黒くなった唇からは牙がのぞく……。**これぞ日本で一世を風靡したキョンシー！** といっても当時の少年少女を魅了したこの姿は、あくまで香港映画『霊幻道士』や台湾映画『幽幻道士』に登場するフィクションのもの。

伝承では腐敗せず凝り固まった死体が変じた怪物である。そしてその姿が、なんともおどろおどろしい。恐ろしい目、鋭く長い爪と牙、そして**白や緑の毛を全身に生やしている。**……カビじゃないよねコレ？　そうじゃなくても、ほとんど雪男じゃん！

このおっかないヤツが、人を見ると生臭い息を吹きつけたり、猛然と抱きついてきて爪を食い込ませたり、人の頭を食い破ったりとやりたい放題。だから、中国の人たちは大層こいつらを恐れていたという。まあ、**こんなのに抱きつかれたくないよね。**

 中国の松江省には、美しいキョンシーと結婚した男の話が伝えられているよ。

GHUL
グール

グールに
イケメンはいない

グール　アラビアに棲んでいる吸血鬼の一種。墓場の中の人間の死体に精霊であるジンが入り込むと、グールになって動き回るといわれる。人間の死体が甦ったものなので、吸血鬼ドラキュラのように人間に近い形をしている。男のグールは醜いが、女のグーラーは美しく、性的魅力で男をたぶらかして喰ってしまうといわれている。夢魔に近い性格もあるようで、夜中に眠っている男女の部屋に鍵穴から入り込んで、心臓を喰うことで性的快楽を手に入れるともいわれる。

今やすっかり食屍鬼(しょくしき)の総称として知られるようになったグール。ラヴクラフトが生み出したクトゥルフ神話にも取り入れられているから、モンスター好きには良く知られた存在だろう。

彼らはアラビア圏に伝わる精霊ジンの一種で、**墓場や戦場の死体を主な食料**としている。面倒くさがりなのか、直接人間を襲うことは少ない。米や野菜も少々口にするが好みではないようだ。

さて、彼ら**グールの男性は真っ黒で毛むくじゃらの醜い姿だけど、女性は凄い美人**。だから人間の男性に求婚されて結婚してしまうこともある。でも結婚で食生活が変わるわけじゃない。いやに食の細いお嫁さんを心配した旦那さんが夜中に出かけた彼女を追いかけて、**墓場の食人パーティー**を目撃したなんて話もある。

ちなみに生まれた子供も大好物は死体。母子2人で旦那さんのお肉を狙っている場合もあるというから、なかなか**辛い新婚生活だ**。

元は生き物？

クトゥルフ神話で知られるH.P.ラヴクラフトさんの作品『ピックマンのモデル』にも食屍鬼が登場するよ。

ZOMBIE
ゾンビ

ゾンビは生者(せいじゃ)を食べると思われがち でも……
じつは生者にこき使われていた

ゾンビ　西インド諸島のヴードゥーの呪術師が、魔術的な方法で甦(よみがえ)らせた死体たちのこと。人間の姿をしているが、死体なので腐っていることもある。完全に魔術師の支配下にあるので口はきけないし、意志もなく、ゾンビのほとんどは無報酬の奴隷として農場などで働かされるのである。昼は墓の中にいて働くのは夜だったが、暗闇でも、ものが見えたので、明かりも必要なかった。重罪を犯した人間が、刑罰としてゾンビにさせられるといわれる。

うわぁ！　ゾンビだ、ホームセンターに逃げ込まなきゃ!!　って、これはあくまで映画の話。人を襲って食べるとか、噛まれるとゾンビになるとか、そういう話はジョージ・A・ロメロ監督の『ナイト・オブ・ザ・リビング・デッド』(68年)と『ゾンビ』(78年)のヒットで確立したもの。**ハイチ島に伝わるゾンビの伝承とは関係ない**。いや〜、ひと安心。

では実際のゾンビはというと、魔術で操られた死体なのである。**大抵単純労働に従事させられる大人しい連中だ**。で、**ゾンビなんかよりよほど怖い**のが、彼らを操る魔術師たち。神官ウンガンは悪人を罰するため、魔術師ボコールは依頼や金銭目的で人の魂を吸いとり、ゾンビという精霊をとり憑かせるのだという。

ゾンビの側には魔術師あり。ボコールなんかは襲ってくるかもしれない。**結局逃げなきゃダメなのね**、トホホ。

用意するもの(1人分)

ゾンビにしたい人	…1人
ゾンビパウダー	…1包
毒グモ/フグ/毒ガエルなど	
毛や針を持つ植物や豆	
微細に砕いたガラス粉※1	
人間の死体	
解毒剤	…1包
ダトゥラ※2	

※1　ガラス粉は入れても入れなくてもよい
※2　チョウセンアサガオの仲間

1. ゾンビパウダーを調合する
2. ゾンビにしたい人へパウダーを吹き付ける
（粉は戸口に撒くなどしてもよい）
3. **仮死状態になった人を墓に埋める**
4. 72時間以内に掘り起こし解毒剤を与える
目を覚ましても意識の混濁が続けば成功
5. できあがり

注意
調合は危険を伴います
必ず経験者(ボコール)と一緒に行ってください

元は生き物？

ボクのお気に入りゾンビは、トミー・ウィルコラ監督の『処刑山 -デッドスノウ-』に登場する大佐だよ！

あとがき

　さてさて、皆さん楽しんでいただけたでしょうか？

　本書であつかったモンスターや妖怪たちのほとんどは、皆さんも小説やゲームで見たことがある連中だと思います（中には「誰だお前！？」というヤツもいるかもしれませんが）。

　多くの場合、彼らはひょいと出てきてやられてしまうので、普段はそれほど興味を引く存在ではないかもしれません。しかし、彼らは小説やゲームを飾る単なる背景というわけではないのです。彼らは彼らなりの出自や物語を持っています。そして、その出自や物語こそが彼らを魅力的な存在にしているのです。

　よくよく見てみると、結構かわいい連中や可哀想な連中なんかも多いんですよ。やられ役にしても妙にキャラの立ったヤツだったり、憎めないヤツだったりもしますし。

　彼らを魅力的にしているこうした個性は、長い歴史の中で培われた伝説やちょっと小粋な人々のホラ話、なによりそれらを楽しみ、そして恐れる人々の大らかな想像力よって成り立っています。

　例えば古代ギリシアの『博物誌』という本。この本は当時の偉大な博物学者プリニウスさんが書いた本なのですが、ギリシアや諸外国に棲む奇妙な生き物たちについてたくさん書かれています。彼らは後のヨーロッパにおいても実在の生き物として考えられていました。ユニコーンなどは特に有名ですね（実はそれ以前からある旅行記の記述にもインドの動物として登場しています）。

　はたまた古代中国の『山海経（せんがいきょう）』という本。こちらは作者不明の地理書なのですが、この本に登場する怪物たちもアジア圏で広く実在の生き物と考えられていて、日本の伝承に取り入れられたものも少なくありません。この本に登場する鴆（ちん）という毒鳥などは、その羽根が暗殺に用いられるというので恐れられていたという話もあります。

現代においては、彼らは単なる空想の産物や物語のキャラクターでしかないでしょう。しかし、この生き物たちが大いに語られた時代において、彼らは人々の心の中に、そして未知なる世界の片隅に確かに存在していました。

　私たちが遠い外国で暮らす生き物たちについて語り合うように、多くの人たちが彼らの存在を語り合い、そして伝えてきたのです。だからこそ現代に生きる私たちも、この不思議でちょっとおかしな生き物たちの生態や暮らしを知り、そしてその活躍を夢想することもできるというわけです。

　大げさな言い方をすれば、彼らは人類の空想が生み出した文化の遺産ともいえるでしょう。まあ、当の生き物たちからすれば余計なお世話だという話かもしれませんけれどね。

　と、少々小難しい話はしてみたものの、本書で紹介したようなお話は彼らの魅力のごくごく一部。本書をきっかけに皆さんが興味を持っていただけるようになれば、これに勝る喜びはありません。

　最後に、本書は元々Web上の企画だったものをまとめたものです。

　皆さんが楽しんでいただけたのだとしたら、それは独自の視点で企画を立ち上げた編集部のS女史や、かわいいイラストを描いてくださった緒方女氏のお手柄でしょう。

池上良太

索引

あ

アーヴァンク·····4
アダンク·····4
アクリス·····28
犬神（いぬがみ）·····110
インプ·····74
ウィル・オー・ザ・ウィスプ·····94
ヴァンパイア·····112
ヴァンパイヤ·····112
エキドナ·····56
送り犬（おくりいぬ）·····38
陰摩羅鬼（おんもらき）·····114

か

ガーゴイル·····92
餓鬼（がき）·····116
河童（かっぱ）·····6
カトブレパス·····8
ガネーシャ·····98
鎌鼬（かまいたち）·····40
厠神（かわやがみ）·····76
ガンコナー·····42
キュクロープス·····60
僵尸（キョンシー）·····118
グール·····120
クラーケン·····10
グリフィン·····18
グリフォン·····18
ケルベルス·····100
ケルベロス·····100
ケンタウロス·····58
ゴール·····120
コカトリス·····12
コカドリーユ·····12
小玉鼠（こだまねずみ）·····44
コボルト·····7
ゴリ·····120
渾沌（こんとん）·····46

さ

サイクロプス·····60
座敷童子（ざしきわらし）·····80
サラマンダー·····102
サラマンデル·····102
サラマンドラ·····102
ジャック・オ・ランタン·····94
酒呑童子（しゅてんどうじ）·····48
人狼（じんろう）·····30
スピンクス·····62
スフィンクス·····62
セイレーン·····14
セイレン·····14
仙狐（せんこ）·····104
ゾンビ·····122

た

天狗（てんぐ）·····50
豆腐小僧（とうふこぞう）·····82
ドライアド·····32
ドリアード·····32
ドリュアス·····32
トロール·····64
トロル·····64

な

塗壁（ぬりかべ）·····96
猫又（ねこまた）·····84

は

ハーピー·····20
バク·····52
バハムート·····66
蛤女房（はまぐりにょうぼう）·····16
ハルパス·····106
ハルピー·····20
ハルピュイア·····20
ハルファス·····106
フィニクス·····22
フェアリー·····34
フェニックス·····22
ブラックドッグ·····108
ペガサス·····24
ペガソス·····24
ベヒモス·····66
ベヒーモス·····66
ベヘモス·····66
ヘルハウンド·····108
ボイニクス·····22
牧神パン（ぼくしん-）·····68
ホブゴブリン·····86

ま

マジムン·····36
マルサス·····106
ミーノータウロス·····88
ミノタウロス·····88
ミルメコレオ·····70

や

雪女（ゆきおんな）·····54

ら

ラミア·····72
ラミアー·····72
ろくろ首·····90

わ

ワーウルフ·····30
ワイバーン·····26

参考文献

■引用
『幻想動物事典』草野巧 著（新紀元社）

■資料
『ギリシヤ神話』アポロドーロス 著／高津春繁 訳（岩波書店）

『フィシオログス（Documenta historiae naturalium）』オットー・ゼール 著／梶田昭 訳（博品社）

『フローベール全集 4』フローベール 著（筑摩書房）

『プリニウスの博物誌 2　第 7 巻～第 11 巻（縮刷版）』プリニウス 著／中野定雄、中野里美、中野美代 訳（雄山閣）

『ヘシオドス全作品』ヘシオドス 著／中務哲郎 訳（京都大学学術出版会）

『絵本江戸風俗往来』菊池貴一郎 著／鈴木棠三編（平凡社）

『御伽草子』有朋堂書店

『国訳一切経　印度撰述部　経集部 8』山邊習學訳／田上太秀校訂（大東出版社）

『山海経　中国古代の神話世界』高馬三良 訳（平凡社）

『子不語 1』袁枚 著／手代木公助 訳（平凡社）

『仙境異聞 勝五郎再生記聞』平田篤胤 著／子安宣邦校注（岩波書店）

『千夜一夜物語　バートン版 8』リチャード・F・バートン 著／大場正史 訳（河出書房）

『中型聖書 旧約続編つき - 新共同訳』日本聖書協会

『動物奇譚集 1（西洋古典叢書）』アイリアノス 著／中務哲郎 訳（京都大学学術出版会）

『動物奇譚集 2（西洋古典叢書）』アイリアノス 著／中務哲郎 訳（京都大学学術出版会）

■研究書、その他
『アンデッド』久保田悠羅、F.E.A.R. 著（新紀元社）

『インド神話』ヴェロニカ・イオンズ 著／酒井伝六 訳（青土社）

『インド曼陀羅大陸　神々・魔族・半身・精霊（Truth In Fantasy11）』蔡丈夫 著（新紀元社）

『エピソード魔法の歴史　黒魔術と白魔術』G・ジェニングズ 著／市場泰男 訳（社会思想社）

『ギリシア神話』フェリックス・ギラン 著／中島健 訳（青土社）

『ギリシア神話』呉茂一 著（新潮社）

『この一冊で神社と神様がスッキリわかる!』三橋健 著（青春出版社）

『マイ・ヴィンテージ・ハロウィン　由来やお祝いのしかたを知っておしゃれにかわいく楽しみたい』マリオン・ポール 著／蒲池由佳 ほか 訳（グラフィック社）

『怪物の友：モンスター博物館 荒俣宏コレクション』荒俣宏 著（集英社）

『奇怪動物百科』ジョン・アシュトン 著／高橋司勝 訳（博品社）

『幻の動物たち　未知動物学への招待　上』ジャン・ジャック・バルロワ 著／ベカエール直美 訳（早川書房）

『幻の動物たち　未知動物学への招待　下』ジャン・ジャック・バルロワ 著／ベカエール直美 訳（早川書房）

『幻獣ドラゴン（Fantasy World1）』苑崎透 著（新紀元社）

『幻想生物 西洋編』山北篤 著（新紀元社）

『現代民話考 10（狼・山犬・猫）』松谷みよ子 著（立風書房）

『江戸の化物　草双紙の人気者たち』アダム・カバット 著（岩波書店）

『江戸の怪奇譚　人はこんなにも恐ろしい』氏家幹人 著（講談社）

『江戸滑稽化物尽くし』アダム・カバット 著（講談社）

『酒呑童子の誕生　もうひとつの日本文化』高橋昌明 著（中央公論社）

『酒呑童子異聞』佐竹昭広 著（平凡社）

『幻想世界の住人たち』健部伸明、怪兵隊 著（新紀元社）

『幻想世界の住人たち II』健部伸明、怪兵隊 著（新紀元社）

『幻想世界の住人たち IV〈日本編〉』多田克己 著（新紀元社）

『昔話と文学』柳田国男 著（創元社）

『天狗はどこから来たか（あじあブックス 62）』杉原たく哉 著（大修館書店）

『猫の歴史と奇話』平岩米吉 著（築地書館）

『百鬼解読　妖怪の正体とは？（講談社ノベルス）』多田克己 著（講談社）

■事典
『47 都道府県・妖怪伝承百科』小松和彦、常光徹監修／香川雅信、飯倉義之編 著（丸善出版）

『The Oxford English dictionary 2nd ed.』Clarendon Press

『ギリシア神話小事典』バーナード・エヴリスン 著／小林稔 訳（社会思想社）

『世界幻想動物百科ヴィジュアル版』トニー・アラン 著／上原ゆうこ 訳（原書房）

『悪魔の事典』フレッド・ゲティングズ 著／大滝啓裕 訳（青土社）

『怪物の事典』ジェフ・ロヴィン 著／鶴田文 訳（青土社）

『吸血鬼の事典』マシュー・バンソン 著／松田和也 訳（青土社）

『幻獣辞典』ホルヘ・ルイス・ボルヘス、マルガリータ・ゲレロ 著／柳瀬尚紀 訳（晶文社）

『図説・日本未確認生物事典』笹間良彦 著（柏美術出版）

『図説ヨーロッパ怪物文化誌事典』藤持不三也監修／松平俊久 著（原書房）

『図説天使百科事典』ローズマリ・エレン・グィリー 著／大出健 訳（原書房）

『図説日本の妖怪百科』宮本幸枝 著：学研プラス

『世界の妖精・妖怪事典』キャロル・ローズ 著／松村一男監 訳（原書房）

『世界不思議百科 総集編』コリン・ウィルソン、ダモン・ウィルソン 著／関口篤 訳（青土社）

『全国妖怪事典』千葉幹夫編（小学館）

『地獄の事典』コラン・ド・プランシー 著／床鍋剛彦訳／吉田八岑協力（講談社）

『中国妖怪人物事典』実吉達郎 著（講談社）

『日本の神様読み解き事典』川口謙二 編 著（柏書房）

『日本の神さま−おもしろ小事典−氏神、ް祖神から狛犬、ナマハゲまで』久保田裕道 著（PHP 研究所）

『妖怪お化け雑学事典』千葉幹夫 著（講談社）

『妖怪事典』村上健司 著（毎日新聞社）

『妖精キャラクター事典』中山星香 著／井村君江監修（新書館）

『妖精学大全』井村君江 著（東京書籍）

『妖精事典』キャサリン・ブリッグス監 著／平野敬一、井村君江、三宅忠明、吉田新一共 訳（冨山房）

■雑誌、ムック
『ホラー映画クロニクル：TV navi+movie（Fusosha mook）』（産経新聞社）

『日本「鬼」総覧（歴史読本特別増刊　事典シリーズ第 23 号）』（新人物往来社）

■論文
『宮城縣史　民俗 2　20 巻』「狩猟：マタギ言葉」小原伸 著（財団法人宮城縣史刊行会）

『東アジア文化研究 = East Asian culture study　5 号』「狐仙信仰研究の現状と展望：中国、日本と欧米の先行研究に基づいて」程亮 著（東アジア文化研究会）

『日本常民文化紀要　16 号』「柳田国男先生−日本民俗学講義−（下）」大島正隆 著（成城大學大學院文學研究科）

『比較民俗研究　30 号』「狐仙信仰の現在：湖北省丹江口市の農村社会における大仙・西仙祭祀をめぐって」程亮 著（比較民俗研究会）

『方言　7 巻 1 号』「阿仁マタギの山詞その他」早川孝太郎 著（春陽堂）

『旅と伝説　16 巻 12 号』「秋田マタギ探訪記（第四）」金子総平 著（三元社）

■インターネット資料
British History Online

https://www.british-history.ac.uk/

(The History and Antiquities of the County Palatine of Durham: Volume 3, Stockton and Darlington Wards. 内 Parish of Sockburn)

絵 **緒方裕梨**（おがたゆうり）

鳥とファンタジーをこよなく愛するイラストレーター・ドクター・デザイナー。
パンタポルタでは当「がっかり」のほか、小ネタ漫画や各コーナーのロゴなども制作している。

site　　https://colornix.com/
twitter　@colornix

がっかりな
ファンタジーせいぶつ事典

2019年11月27日 初版発行

絵	緒方裕梨（おがた ゆうり）
監修	池上良太
	池上正太
編集	株式会社新紀元社 編集部
デザイン・DTP	緒方裕梨
協力	草野巧
発行者	宮田一登志
発行所	株式会社新紀元社
	〒101-0054　東京都千代田区神田錦町1-7
	錦町一丁目ビル2F
	TEL:03-3219-0921
	FAX:03-3219-0922
	http://www.shinkigensha.co.jp/
	郵便振替　00110-4-27618
印刷・製本	中央精版印刷株式会社

ISBN978-4-7753-1791-4
定価はカバーに表示してあります。
Printed in Japan